erste Liebe – Beziehung und Sexualität

Eine Koproduktion von AnneVossFilm und SRF myschool

SRF myschool srf.ch/myschool   **ANNEVOSSFILM**

Mit freundlicher Unterstützung

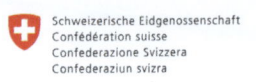

- Gesundheitsförderung Schweiz / Promotion Santé Suisse / Promozione Salute Svizzera
- Schweizerische Eidgenossenschaft / Confédération suisse / Confederazione Svizzera / Confederaziun svizra — Eidgenössisches Departement des Innern EDI, Bundesamt für Gesundheit BAG
- Mit Unterstützung der Loterie Romande
- KANTON AARGAU
- LOTTERIEFONDS BASEL-LANDSCHAFT
- Gesundheitsdepartement des Kantons Basel-Stadt, Bereich Gesundheitsdienste, Gesundheitsförderung und Prävention
- Gesundheits- und Fürsorgedirektion des Kantons Bern / Direction de la santé publique et de la prévoyance sociale du canton de Berne
- ETAT DE FRIBOURG / STAAT FREIBURG — Direction de la santé et des affaires sociales DSAS / Direktion für Gesundheit und Soziales GSD
- RÉPUBLIQUE ET CANTON DE GENÈVE — POST TENEBRAS LUX
- Lotteriefonds KANTON LUZERN SWISSLOS
- ne.ch — RÉPUBLIQUE ET CANTON DE NEUCHÂTEL
- Kanton Obwalden
- Kanton St.Gallen Gesundheitsdepartement
- sh.ch
- Lotteriefonds Kanton Solothurn SWISSLOS
- Thurgau
- KANTON URI
- SIPE
- Unterstützt vom Kanton Zug
- DU seschtwia! www.duseschtwia.li
- Katholische Kirche im Kanton Zürich
- ERNST GÖHNER STIFTUNG
- ACCENTUS
- MIGROS kulturprozent
- ARTANES
- SANTÉ SEXUELLE Suisse / SEXUELLE GESUNDHEIT Schweiz / SALUTE SESSUALE Svizzera
- FONDATION PROFA
- network GAY LEADERSHIP
- RESPECT — Der lesbisch-schwule Fonds / Le fonds lesbien et gai
- temperatio — Stiftung für Umwelt | Soziales | Kultur
- Bayer HealthCare
- MSD
- sanofi pasteur MSD — impfstoffe fürs leben

erste Liebe
Beziehung und Sexualität

9 Porträtfilme und 3 Themenfilme

Pädagogisches Begleitmaterial
Lukas Geiser, Anne Voss (Hrsg.)

hep der bildungsverlag

Lukas Geiser, Anne Voss (Hrsg.)
erste Liebe – Beziehung und Sexualität
Pädagogisches Begleitmaterial
ISBN 978-03905-956-0

Mit Beiträgen von Lilo Gander, Lukas Geiser, Marie-Lou Nussbaum, Friederike Tielemann, Fedor Spirig, Anne Voss

Fotos: ANNEVOSSFILM
Illustrationen: Loretta Arnold
Gestaltung Begleitmaterial: Michael Fankhauser
Lektorat: Gaby Köppe
Druck: Druckerei Wenin, Dornbirn

Bibliografische Information der Deutschen Nationalbibliothek:
Die Deutsche Nationalbibliothek verzeichnet diese Publikation in der Deutschen Nationalbibliografie; detaillierte bibliografische Daten sind im Internet über http://dnb.dnb.de abrufbar.

Dank an: Alba, Alexandra, Chiara, Désirée, Kataryna, Océanne, Zahraa, Farsad, Ivan, Sam, Sébastien, die über Freundschaft, Liebe und Sexualität gesprochen haben.

1. Auflage 2013
Alle Rechte vorbehalten
©ANNEVOSSFILM

Inhaltsverzeichnis

1. Einleitung 7
   Anne Voss, Lukas Geiser

2. **Format**
   Anne Voss, Lukas Geiser
   2.1. Überblick 10
   2.2. Porträtfilme 10
   2.3. Themenfilme 11
   2.4. Verzeichnis Filme 11
   2.5. Fotos von Jugendliche in Porträt- und Themenfilmen 12

3. Zur Bedeutung des Themas für Jugendliche 15
   Marie-Lou Nussbaum

4. Das Potential von Filmen für die Bildungsarbeit 19
   Friederike Tilemann

5. Sexualpädagogische Hinweise 21
   Lukas Geiser

6. **Kurzgeschichten der Porträts**
   Anne Voss
   6.1. Alba 26
   6.2. Alexandra 27
   6.3. Chiara 28
   6.4. Kataryn 29
   6.5. Zahraa 30
   6.6. Farsad 31
   6.7. Ivan 32
   6.8. Sam 33
   6.9. Sébastien 34

7. Vom Thema zum Porträt – vom Porträt zum Thema 35
   Friederike Tilemann

8. **Lektionsvorschläge zu den Porträtfilmen**
   Friederike Tilemann
   8.1. Inhalt und Einsatzmöglichkeiten 42
   8.2. Ideen für die pädagogische Arbeit 44

9. **Lektionsvorschläge zu den Themenfilmen**
   9.1. Beziehung und Freundschaft 48
        Fedor Spirig, Lilo Gander
        9.1.1. Wie soll es beginnen? 49
        9.1.2. Flirten – Was geht, was geht nicht? 50
        9.1.3. Fünf Wünsche 51
        9.1.4. Das erste Mal 53
        9.1.5. Schritte bis zum ersten Mal 54
        9.1.6. Das überzeugendste SMS 56
        9.1.7. Typisch Frau, typisch Mann – Positionierung 57
        9.1.8. Liebeskummer 58
        9.1.9. Lust und Liebe 59
        9.1.10. Sexuelle Vielfalt 60
        9.1.11. Wie Schluss machen? 63
        9.1.12. Konflikte, Streiten 65
        9.1.13. Grenzen und Respekt 66

  9.1.14. Eifrig oder süchtig?.. 67
  9.1.15. Internetbekanntschaften – Wer ist wer?.. 68

 9.2. Körper und Sex.. 69
  Marie-Lou Nussbaum, Lukas Geiser
  9.2.1. Sex ABC 70
  9.2.1. Wahr oder falsch!?..71
  9.2.2. Das erstes Mal – Wie war's?.. 73
  9.2.3. Erogen von Kopf bis Fuss.. 75
  9.2.4. Körperfunktionen – Total normal?!... 77
  9.2.5. So ein Mann – so eine Frau!.. 78
  9.2.6. Wie geil ist das denn!?.. 79
  9.2.7. Porno-Begriffssalat 81
  9.2.8. Real-World vs. Porno-World.. 83
  9.2.9. Was ist wahr?.. 84
  9.2.10. Netiquette / Handyquette / Chatiquette / Pornoquette 85
  9.2.11. Porno und Rollenbilder 87
  9.2.12. Ein Herz für's erste Mal 88
  9.2.13. Selbst ist die Frau! Selbst ist der Mann!.. 89
  9.2.14. Sex, Klatsch und Tratsch... 90

 9.3. Sexualität und Gesundheit... 92
  Fedor Spirig, Lilo Gander
  9.3.1. Was sind Chlamydien?.. 93
  9.3.2. HIV/ AIDS Quiz... 96
  9.3.3. Verhütungs-Puzzle.. 98
  9.3.4. Ungeplant schwanger – Wie soll ich mich entscheiden?................... 100
  9.3.5. Ungeplant schwanger – Schwangerschaft abbrechen oder nicht?.... 101
  9.3.6. Mutter sein, Vater sein... 110
  9.3.7. Sex und Drogen... 113
  9.3.8. Sexuelle Gewalt – Sexuelle Belästigung 114
  9.3.9. Lust und Frust.. 116

10. Internetseiten.. 117

11. Literaturhinweise 119

12. Quellenverzeichnis 123

13. Impressum 125

1. Einleitung
Anne Voss, Lukas Geiser

1. Einleitung
Anne Voss, Lukas Geiser

Farsad kennt sich mit Frauen aus, Ivan steht auf Männer, Sam findet, dass Sex noch nicht dran ist, und Sebastien sucht die körperliche und seelische Berührung. Zahraa ist neugierig auf Sex, wartet aber auf die grosse Liebe, Chiara findet erotische Freundschaften cool, Alexandra verliebt sich erst in einen Jungen und dann in Frauen. Kataryna erlebt Sexualität lustvoll und einen Schwangerschaftsabbruch als sehr schmerzlich, und Alba entscheidet sich nach reiflicher Überlegung für das Kind, das sie erwartet.

Die Thematik «Erste Liebe – Beziehung und Sexualität» berührt den Kern unseres Selbsts, den intimen und vielleicht sensibelsten Teil unserer Persönlichkeit. In neun Porträtfilmen und drei Themenfilmen erzählen junge Frauen und Männer im Alter von 16 bis 19 Jahren in aller Offenheit über erste Liebeserfahrungen. Es sind Jugendliche, die Sexualität in den unterschiedlichsten Facetten erleben. Schöne Erlebnisse wechseln ab mit leidvollen. Auf das erste Mal noch zu warten, sich in ein Mädchen zu verlieben, ein Kind in den Armen zu halten oder aufgrund eines Schwangerschaftsabbruchs die Ausbildung zu beenden – die Geschichten sind ehrlich und authentisch erzählt und widerspiegeln die Lebensrealität der Jugendlichen. Alle bejahen ihr Leben und suchen, wie viele andere junge Menschen auch, einen positiven und lustvollen Weg in ihrer Sexualität.

Wir schauen und hören ihnen interessiert zu, denken an Erfahrungen, die wir genauso oder anders oder (noch) nicht gemacht haben. Die Protagonistinnen und Protagonisten sprechen über ihre Ansichten und Erlebnisse so direkt wie sie das allenfalls mit besten Kolleginnen und Kollegen oder vertrauten Erwachsenen tun. Sie halten die Kommunikation über das Thema für so wichtig, dass sie gern vor die Kamera getreten sind, um andere Jugendliche daran teilhaben zu lassen. Ohne persönliche Erfahrungen in einer Klasse oder Gruppe zu offenbaren, können junge Rezipienten das Thema anhand der Filme aufgreifen und sich mitteilen.

Film ist ein besonders gutes Mittel, um Selbstreflexion, Weiterdenken und Lernen mit anderen anzuregen. In dem Sinne hoffen wir, dass die ausgewählten Jungen und Mädchen eine gute Projektionsfläche für eigene Gedanken und Gefühle bieten.

Die Filme und das pädagogische Begleitmaterial ermöglichen eine kreative Auseinandersetzung mit dem faszinierenden Thema «Erste Liebe». Sie bieten eine gute Gesprächsbasis mit zahlreichen Denkanstössen. Das schriftliche Material enthält nützliche Informationen, praktische Anregungen und Lektionsvorschläge für die Arbeit mit Jugendlichen ab 14 Jahren (8. Klasse).

Wenn die Filme dazu beitragen, sowohl sich selbst, als auch die Anderen besser wahrzunehmen und zu respektieren, ist ein wesentliches Ziel im Hinblick auf eine selbstbestimmte und verantwortungsvolle Sexualität erreicht.

2. Format
Anne Voss, Lukas Geiser

2. Format
Anne Voss, Lukas Geiser

2.1. Überblick

Das primäre Ziel der Filmgestaltung war, ein Thema zu pointieren und einen Rhythmus aus Bildern, Wörtern und Musik zu schaffen, der Interesse weckt, es zu halten vermag und zehn bis zwanzig Minuten als kurzweilig empfinden lässt. Die filmische Gestaltung ist eine Komposition, an der lange gearbeitet wurde. Die Aufzeichnung eines Interviews ist jeweils 60 bis 90 Minuten lang. Das Filmporträt, das daraus entsteht, etwa 10 Minuten. Im ursprünglichen Interview gibt es Pausen des Nachdenkens, Wiederholungen, Versprecher, das Suchen nach dem richtigen Wort. Wir hoffen, dass diese Art der Auseinandersetzung mit dem Thema in den kurzen Filmkompositionen noch durchscheint. Auf keinen Fall sollten sich junge Leute durch die (gestaltete) Eloquenz der Interviewten entmutigen lassen, selbst lebhaft ins Gespräch zu kommen.

In den Porträtfilmen ist der Ansatz ein persönlicher. Es wird grundsätzlich eine Person vorgestellt und eine Liebesbeziehung im Wesentlichen von Anfang bis Abschied erzählt. Manchmal runden besondere Aspekte einer zweiten oder dritten Begegnung das Bild ab. In den Themenfilmen ist der Ansatz, wie der Titel schon sagt, ein thematischer. Zu den Themen «Beziehung und Freundschaft», «Körper und Sex» und «Sexualität und Gesundheit» kommen alle Protagonistinnen und Protagonisten zu Wort.

Von den neun porträtierten Jugendlichen ist ein Mädchen, Alexandra, lesbisch, ein Junge, Ivan, schwul. Ein Mädchen, Zahraa, und ein Junge, Farsad, sind in einer muslimisch geprägten Kultur aufgewachsen. Das Thema Homosexualität ist in unserer Gesellschaft immer noch tabuisiert. Wer sich sexuell anders orientiert als die Mehrheit, hat es nicht leicht. Wenn sich ein Mädchen in ein Mädchen verliebt und ein Junge gern Sex mit einem Jungen hätte, ist das Verlangen von der Angst begleitet, verspottet und verachtet zu werden. Und wer aus einer Familie kommt, deren Kultur traditionell patriarchalisch und religiös geprägt ist, und deren Wertvorstellungen in Bezug auf Geschlechterrollen und intime Beziehungen anders sind als die der Gesellschaft, in der er lebt, hat es besonders schwer, seine eigene sexuelle Identität zu entwickeln.

In den Themenfilmen kommen zwei Mädchen zu Wort, über die es kein Porträt gibt. Es sind Désirée und Occéanne. Alba, Zahraa, Occéanne und Sébastien leben in der Romandie und sprechen Französisch. Ihre Aussagen sind deutsch untertitelt.

Das Begleitmaterial enthält medien- und sexualpädagogische Informationen, die den Rahmen für das konkrete Erarbeiten in Gruppen und Klassen beschreiben, Lektionsvorschläge mit Ideen für Unterricht und Gruppenarbeit, Kurzgeschichten der Porträtfilmen, Links zu Websites und Literaturhinweise. Zusätzlich finden Sie auf der DVD Fotos der porträtierten Jugendlichen, die Sie ausdrucken und zur Orientierung in Diskussionen benutzen können.

2.2. Porträtfilme

Die Porträtfilme sind mit den Namen der neun Protagonistinnen und Protagonisten betitelt: Alba, Alexandra, Chiara, Kataryna, Zahraa, Farsad, Ivan, Sam, Sébastien.
In dieser Filmform bekommen wir die Gelegenheit, uns ein Bild von einer Person zu machen. Dieses Bild taugt allerdings nicht dazu, ihren Charakter zu beurteilen. Die Jugendlichen sind nicht für die Darstellung ihrer Person ausgewählt worden, sondern um die verschiedenen Aspekte des Themas zum Ausdruck zu bringen. Sowohl das Interview als auch die Auswahl der Statements und ihre Gewichtung im Hinblick auf den Gesamtkanon, sind von der Regie gestaltet. Die Porträtierten sind mit ihrer Darstellung durchwegs einverstanden, und das ist bei diesem Thema besonders wichtig.

Die Erzählungen sind der starke Faden der Filme. Um ihn nicht abreissen zu lassen, haben wir uns auf kurze Bildeindrücke zwischen einzelnen Erzählabschnitten beschränkt sowie auf wenige Stilmittel. Wir zeigen Tätigkeiten, die zu einer Person gehören, im Profi-Format, iPhone-Aufnahmen, meist von den Jugendlichen selbst aufgenommen, und grafische Szenen, die humorvolle Akzente setzen.

Das Erzählen der eigenen Geschichte bewirkt bei den Rezipienten ein gefühlsmässiges Begreifen. Das Lernen geht sozusagen über den Bauch in den Kopf. Die neun Porträtfilme umfassen zusammengenommen das gesamte Themenspektrum. Wohl wissend, dass die Zeit im Unterricht knapp ist, empfehlen wir die Porträtfilme als Einstieg in das Gesamtthema. Man kann sie auch zu Hause auf DVD oder im Internet auf srf.ch/myschool anschauen.

2. Format
Anne Voss, Lukas Geiser

2.3. Themenfilme

Flirten, Lieben, Schluss machen; Selbstbefriedigung, Geschlechtsverkehr, Pornografie; Schutz und Verhütung, Schwangerschaft, Schwangerschaftsabbruch und Eltern werden. Das sind die wesentlichen thematischen Aspekte, die in den Themenfilmen «Beziehung und Freundschaft», «Körper und Sex» und «Sexualität und Gesundheit» behandelt werden.

Kurze Sequenzen mit Körperbildern signalisieren, dass die individuelle Selbstdarstellung und die Körperlichkeit ein wesentlicher Leitfaden in der Entwicklung von Jugendlichen ist. Die Bilder regen an, den Blick auf die eigene Körperlichkeit zu richten, die jeweils eigene Art der Selbstdarstellung und des Körperausdrucks zu erkennen.

Bildsequenzen mit Körperschriften signalisieren jeweils wesentliche thematische Aspekte, die eine leichte Orientierung für Gruppendiskussionen bieten.

Die grafischen Animationen können dazu anregen, eigene Gedanken und Empfindungen in Collagen zum Ausdruck zu bringen.

2.4. Verzeichnis Filme

Themenfilme

Beziehung und Freundschaft
Länge: 25:12
Sequenzen:
- Kontakt und Flirten / Länge: 8:42
- Zusammen / Länge: 10:15
- Schluss machen / Länge: 5:48

Körper und Sex
Länge: 24:58
Sequenzen:
- Ich mit mir (Selbstbefriedigung) / Länge: 5:46
- Das erste Mal / Länge: 9:56
- Ich komme! (Sex und/oder Liebe) / Länge: 03:06
- Porno !? / Länge: 5:32

Sexualität und Gesundheit
Länge: 24:37
Sequenzen:
- Schutz und Verhütung / Länge: 4:15
- Sex und Alkohol / Länge: 3:36
- Frühe Schwangerschaft / Länge: 16:25

Porträtfilme

Alba / 18, Maturandin
Länge: 10:20

Alexandra / 18, Fotografin in Ausbildung
Länge: 11:00

Chiara / 17, Maturandin
Länge: 11:25

Kataryna / 18, Pflegefachfrau in Ausbildung
Länge: 8:50

Zahraa / 18, Zahntechnikerin in Ausbildung
Länge: 10:55

Farsad / 16, Automechaniker in Ausbildung
Länge: 09:40

Ivan / 19, Fachmann Gesundheit
Länge: 09:32

Sam / 17, Fachmann Betreuung in Ausbildung
Länge: 08:57

Sébastien / 18, Student
Länge: 09:28

Transkripte der O-Töne sind als Dokumente auf den DVDs vorhanden.

2. Format
Anne Voss, Lukas Geiser

2.5. Fotos von Jugendlichen in Porträt- und Themenfilmen

Alba

Alexandra

Chiara

Kataryna

Zahraa

Farsad

2. Format
Anne Voss, Lukas Geiser

Ivan

Sam

Sébastien

Occéanne (nur Themenfilme)

Désirée (nur Themenfilme)

Alle Fotos sind zum Ausdrucken auf den DVDs vorhanden.

3. Zur Bedeutung des Themas für Jugendliche
Marie-Lou Nussbaum

3. Zur Bedeutung des Themas für Jugendliche
Marie-Lou Nussbaum

Sexualität als Thema für Jugendliche: Wie wichtig ist das überhaupt? werden Sie sich vielleicht fragen. Tatsächlich kommt der Sexualität in den verschiedenen Lebensphasen unterschiedliche Bedeutung zu. Von grosser Relevanz sind zweifellos die sexuellen Erfahrungen, die im Jugendalter gemacht werden. Sie legen den Grundstein für das weitere sexuelle Erleben und die sexuelle Gesundheit.

- Wie flirtet man richtig?
- Tut das erste Mal weh?
- Was, wenn er mehr will als ich?
- Was heisst oral?
- Was soll ich tun, wenn ich lesbisch bin?
- Ist Pornoschauen legal?
- Stimmt es, dass man während der Periode nicht schwanger werden kann?
- Wie bemerke ich eine Geschlechtskrankheit?
- Darf ich ein Kind abtreiben?

Dies ist nur eine kleine Auswahl an Fragen von Jugendlichen und jungen Erwachsenen, die einem – sei es in der Sexualerziehung, in der Beratung oder im Gespräch mit jungen Frauen und Männern – begegnen können, und dabei wird schon das grosse Interesse der Heranwachsenden an Körper und Sexualität offensichtlich.

Von Entwicklungsaufgaben und Risiken
Die meisten Jugendlichen werden mit dem ersten Samenerguss bzw. der ersten Periode zwischen 10 und 14 Jahren geschlechtsreif. Sie erleben, dass sich ihr Körper auf dem Weg zum Erwachsensein stark verändert. Dies stellt sie vor eine Reihe von Herausforderungen, die es zu bewältigen gilt. Sie müssen lernen, ihren sich verändernden Körper zu akzeptieren, mit Körper und Sexualität verantwortungsvoll umzugehen, intime Paarbeziehungen aufzubauen, ihre Geschlechterrolle zu entwickeln und sich mit der eigenen sexuellen Orientierung auseinanderzusetzen. Die erfolgreiche Bewältigung dieser Entwicklungsaufgaben führt nicht nur zu persönlicher Zufriedenheit, sondern ist auch eine notwendige Voraussetzung für die gesunde Weiterentwicklung eines jungen Menschen. Misslingt deren Bewältigung, ist dies häufig mit Schwierigkeiten bei weiteren Entwicklungsschritten verbunden und begünstigt zudem Verhaltensprobleme oder riskantes Verhalten.

Sexualität ist ein wichtiges Thema für Jugendliche – dies zeigen auch Studien. In der JIM-Studie (2007) beispielsweise wurden die Interessenbereiche von Jugendlichen untersucht. Zu zwanzig Themenfeldern – darunter Musik, Ausbildung, Computerspiele, Mode, Politik – gaben die befragten 12- bis 19-Jährigen an, wie sehr sie sich dafür interessieren. Das grösste Interesse zeigten sie für die Themen Liebe und Freundschaft.

In der Bravo-Dr. Sommer-Studie 2009 sind Jugendliche auch zu ihren sexuellen Erfahrungen befragt worden. Daraus geht hervor, dass ein Drittel der Jugendlichen mit 14 Jahren erste intime körperliche Erfahrungen beim Petting macht. Im Alter zwischen 16 und 17 Jahren erleben die meisten Jugendlichen dann ihren ersten Geschlechtsverkehr. Es gibt aber auch Jugendliche, die bereits früher sexuell aktiv werden (vgl. Quellenverzeichnis EKKJ). Gerade weil Jugendliche ihre ersten sexuellen Erfahrungen teilweise relativ früh machen, ist es wichtig, dass sie auch frühzeitige Körper- und Sexualaufklärung erfahren. Diese Überlegung ist umso wichtiger, wenn man bedenkt, dass Unwissenheit immer auch ein Risikofaktor für problematisches Sexualverhalten, wie zum Beispiel Gewalt oder unsicheres Verhütungsverhalten, darstellt.

Aufklärung: Mehr als nur nackte Tatsachen
Viele Jugendliche halten sich in sexuellen Fragen im Allgemeinen für aufgeklärt. Dennoch empfinden sie auch Wissenslücken. Die grössten Defizite sehen Jugendliche in den Bereichen, wo es um sehr persönliche Themen, um die sexuellen Praktiken und Lust sowie Grenzbereiche der Sexualität geht. Oftmals sind dies Themen, die von Eltern und Lehrpersonen bei der Sexualaufklärung als eher problematisch eingestuft und deshalb häufig ausgeklammert werden. Wissen zu diesen Themen wird häufig aus den Medien, nicht selten auch aus pornografischen Darstellungen gewonnen – Quellen also, die häufig wenig fundiert und nicht jugendgerecht sowie realitätsfern und mit Stereotypen behaftet sind. Dies führt bei Heranwachsenden nicht selten zu falschen Vorstellungen und damit zusammenhängenden Befürchtungen und Ängsten. In einer stark sexualisierten Gesellschaft erscheint es daher umso wichtiger, dass Jugendliche Orientierungshilfe sowie Reflexionsmöglichkeiten zu medial vermittelten Inhalten, Beziehungsgestaltung, Sexualität,

3. Zur Bedeutung des Themas für Jugendliche
Marie-Lou Nussbaum

Geschlechterrollen oder unterschiedlichen Werten und Normen erhalten.

Wer schon zum Thema Körperentwicklung und Sexualität gearbeitet hat, weiss, dass Jugendliche zwar teilweise über recht solides Faktenwissen verfügen, dieses für sie jedoch wenig konkret und handhabbar ist, und der Bezug zur eigenen Realität fehlt. Teilweise ist das Wissen auch eher fragmentarisch und zusammenhangslos. Dieser Umstand führt häufig zu Unsicherheiten: Was heisst dies konkret für mich als junge Frau, junger Mann? Wie könnte ich mich in einer spezifischen Situation verhalten?

Wissen über Körperfunktionen und Sexualität ist grundsätzlich ein wichtiger Schutzfaktor vor Risiken wie sexuelle Übergriffe oder ungeschützte sexuelle Kontakte. Meist ist es jedoch weniger der Informationsmangel, sondern eher, dass das erworbene Wissen nicht in entsprechendes Handeln mündet. Sexualerziehung sollte deshalb möglichst umfassend sein und sich nicht nur auf die Vermittlung von Fakten beschränken, sondern ebenso Anregungen auf der Gefühls-, Beziehungs- und Handlungsebene ermöglichen. So können Jugendliche unterstützt werden, ihre Sexualität möglichst selbstbestimmt, verantwortungsvoll und auch lustvoll zu leben. Menschen brauchen in jedem Alter Unterstützung bei der Entwicklung ihrer Sexualität und bei Problemen, die sich daraus ergeben können. Denn: Sexualität entwickelt sich eben nicht von selbst.

4. Das Potential von Filmen für die Bildungsarbeit
Friederike Tilemann

4. Das Potential von Filmen für die Bildungsarbeit
Friederike Tilemann

Filme faszinieren uns. Sie berühren uns, können uns in fremde Welten versetzen und neue Erfahrungen zugänglich machen. Wir fiebern mit, freuen oder gruseln uns, schmunzeln und weinen. Gute Filme ziehen uns in ihren Bann. Wir erleben mit den Figuren, was ihnen im Film widerfährt. Selbst wenn wir wissen, dass nur Schauspieler und Schauspielerinnen ein Geschehen spielen, die Situationen fiktiv sind, unsere Gefühle bei der Rezeption sind echt. Es sind unsere eigenen Emotionen, die wir dabei spüren. Das macht den Zauber von Filmen aus. Und eröffnet Chancen für die Bildungsarbeit.

In den vorliegenden Filmen werden wir eingeladen, die Themen Beziehung und Sexualität aus der individuellen Sichtweise einzelner Jugendlicher kennenzulernen. Sie erzählen uns intime Erlebnisse, die sie geprägt haben. Diese Erzählungen lassen uns miterleben, wie schön und berührend, aber auch wie anspruchsvoll und herausfordernd das jugendliche Erleben von Beziehung und Sexualität sein kann. Wir spüren, wie belastend manche Erlebnisse sind und auch, wie schwierig der Weg sein kann zu einer erfüllten und liebevollen Form von Liebe und Sexualität. Die Filme greifen die jugendrelevanten Themen auf und bieten auch Anknüpfungspunkte zur Bearbeitung von weiteren Entwicklungsaufgaben, wie z.B. Umgang mit emotionalen Belastungen, Entwicklung von Selbstwertgefühl, Macht und Ohnmacht, Nähe und Distanz, Freundschaft, Reflexionsfähigkeit, Entscheidungsfindung.

Die Filme lassen sich in der pädagogischen Arbeit sehr gewinnbringend einsetzen. Sie ermöglichen es Jugendlichen, sich bei der Rezeption mit den eigenen Gedanken und Gefühlen auf das Gesehene einzulassen. Sie leben ein Stück weit mit den Figuren mit. Der Bezug zu eigenen Emotionen und Fantasien ermöglicht eine sehr persönliche, authentische Beschäftigung mit dem Filmthema. Die individuelle Auseinandersetzung wird gewissermassen beschirmt von den Protagonisten und Protagonistinnen. Im Gespräch können sich die Jugendlichen auf die porträtierten Erzählenden beziehen und müssen nicht ihre eigenen Fragen oder persönlichen Erfahrungen offenbaren. Die Filmjugendlichen können die Funktion von Stellvertretenden einnehmen. In den pädagogisch initiierten Gesprächen spricht man dann offiziell «nur» über die «Kataryna» (aus dem Film) und nicht über sich selbst und die eigenen Empfindungen.

Dies ist besonders bei personennahen und schamerfüllten Themen bedeutsam, wie z.B. Sexualität oder Gewalterlebnisse. Im schulischen Kontext gilt dies umso mehr, da dort in von aussen festgelegten Gruppen (Klassen) und zudem im Bewertungskontext (Notengebung) gearbeitet wird. Besonders hier eröffnen audiovisuelle Medien die Gelegenheit, Filmfiguren stellvertretend für persönliche Aussagen zu nutzen. Die Lehrperson muss daher bei der Gesprächsführung dringend darauf achten, dass für die Schülerinnen und Schüler immer die Möglichkeit besteht, «nur» über die Jugendlichen des Films und deren Erleben zu sprechen. Bei dem Thema «Sexualität» darf sich niemand gezwungen fühlen, über persönliche Fragen zu sprechen.

Ein weiterführender Hinweis
In der pädagogischen Arbeit bietet sich auf der Metaebene eine Erweiterung der Lernchancen grundsätzlicher Art an. Jugendliche können sich der Funktionen und Bedeutung von Medialität bewusst werden.
- Sie können Medien entdecken als eine Möglichkeit zur Orientierung in der Welt und zur Partizipation.
- Sie können mit Medien individuelle Fragen an das Leben bearbeiten und sich neue Felder aneignen.
- Sie erkennen, welche emotionale Bedeutsamkeit im Rezeptionsprozess liegt.
- Sie erleben und entwickeln Empathie.

So können sie beispielsweise entdecken, dass ihnen die vorliegenden Porträtfilme helfen, über Fragen von Partnerschaft und Sexualität mit anderen ins Gespräch zu kommen, neue Informationen zu erlangen, fremde Sichtweisen kennenzulernen und die eigenen zu überdenken. Die Filme können in ihrer Mittlerfunktion zwischen Menschen, Konzepten und Lebenswelten hilfreich und bereichernd sein.

5. Sexualpädagogische Hinweise
Lukas Geiser

5. Sexualpädagogische Hinweise
Lukas Geiser

Mit Jugendlichen zum Thema Sexualität zu arbeiten erfordert die Beachtung verschiedener sexualpädagogisch relevanter Dinge. Die folgenden Ausführungen unterstützen Sie in der Bearbeitung des Themenkreises Sexualität. Falls Sie sich vertiefter mit sexualpädagogischen Hintergründen befassen möchten, haben wir Fachbücher und Links aufgeführt.

Über Sex reden
Die jungen Frauen und Männer im Film sprechen unbefangen und sehr offen über Sexuelles. Das ist einigen nicht immer leicht gefallen. Es braucht eine grosse Vertrauensbasis, über Sexualität und sexuelle Erfahrungen zu reden. Sexualität ist behaftet mit Scham, Intimität und Gefühl. Auch wenn es in der Medienwelt einen anderen Anschein hat, ist es für Menschen ungewohnt, über Sexualität zu sprechen. Jugendliche verschliessen sich eher, wenn durch Aufforderung zum Sprechen ihre Intimität oder Gefühle verletzt werden. Ein behutsamer Zugang und eine didaktisch sinnvolle Einstimmung in Gruppengespräche verhelfen zu guten Gesprächen und einer guten Gruppenkultur. Damit die Teilnehmenden nicht brüskiert werden, macht es Sinn, sie in das Thema einzustimmen, ihnen aufzuzeigen, was sie erwartet.

Ein Gespräch über Sexualität kann aufgrund geschlechtergemischter Gruppen auch ins Stocken geraten. Manchmal sind dann Männer- resp. Frauengespräche angesagt.

Geschlechtergetrenntes versus geschlechtergemischtes Arbeiten
Es macht Sinn, sich gut zu überlegen, welche Themen unter Mädchen resp. unter Jungen oder in geschlechtergemischten Gruppen besprochen werden können. Es gibt dafür keine Regeln. Vielmehr sind die Stolpersteine oder Chancen, die im jeweiligen Setting auftreten können, vor der Veranstaltung abzuwägen. Oft schätzen es Jungen und Mädchen, sich in geschlechtergetrennten Gruppen zu unterhalten. Viele Themen sind dabei weniger mit Scham besetzt, Coolness ist weniger wichtig. In geschlechterhomogenen Gruppen über das andere Geschlecht zu sprechen, fällt leichter. In den Lektionsvorschlägen werden Hinweise zur Gruppenzusammensetzung aufgeführt, die helfen, das jeweils passende Setting zu wählen:

ideal in geschlechter getrennten Settings

ideal in geschlechter gemischten Settings

Unterschiedliche sexuelle Erfahrungen von Jugendlichen
Jugendliche haben unterschiedliche Prägungen, verschiedenen Wissensstand und wachsen mit unterschiedlichen Erfahrungen auf. Es ist möglich, dass in einer Gruppe mit 14-Jährigen kaum jemand bereits eine Beziehung, geschweige denn das erste Mal, erlebt hat. Es gibt Jugendliche, die im Elternhaus oder sonst wo gelernt haben, über Sexuelles zu sprechen. Andere haben noch nie über Fortpflanzung, Verhütung oder Freundschaft gesprochen. Diese Heterogenität macht es nicht einfach, sexuelle Themen zu behandeln. Folgende Hinweise können Ihnen Anhaltspunkte für Gruppengespräche geben:

- Sprechen Sie so über Sexualität, dass sich die verschiedenen Jugendlichen angesprochen fühlen.
- Manchmal macht es Sinn, über Dritte zu sprechen. Z.B.: «Wenn ein Mann das erste Mal erlebt, was denkt ihr, welche Gefühle hat er dabei?»
- Verschiedene Begriffe aufnehmen, um Sprachalternativen und Verständlichkeit zu geben. Z.B.: «Blasen, Oralverkehr, einander mit dem Mund an den Geschlechtsorganen befriedigen».
- Mit den Jugendlichen über unterschiedliche Erfahrungen sprechen. Z.B.: «Es gibt Mädchen, die einen Freund haben, vielleicht auch schon Geschlechtsverkehr. Es gibt Mädchen, die möchten noch keinen Freund, oder es gibt Mädchen, die sich einen Freund wünschen. Das ist alles ok!»

Grenzen wahren
Im Zusammenhang mit Sexualität steht vielfach das Setzen und Respektieren von Grenzen bei sich und bei anderen im Zentrum. Auch Sie als Leitungs- und Lehrperson haben Grenzen, möchten nicht über alles sprechen. Einerseits kann Ihre momentane Lebenssituation Sie daran hindern, anderseits haben Sie vielleicht auch biografisch bedingte Erlebnisse, die es erschweren, diese Themen zu behandeln. Diese persönlichen Grenzen gilt es zu respektieren. Zum einen dürfen Sie Themenfelder auslassen, oder Sie holen sich von Fachperso-

5. Sexualpädagogische Hinweise
Lukas Geiser

nen Unterstützung. Es kann auch sein, dass jemand sich nicht am Unterricht beteiligen oder diesem ganz fern bleiben möchte.
Diese Grenzen gilt es auch zu wahren. Scham und Intimität haben auch einen Schutzmechanismus und dürfen sowohl auf Seiten der Lernenden als auch der Lehrenden sein. In einem persönlichen Gespräch kann den Jugendlichen auch Unterstützung angeboten (nicht aufgedrängt) werden.

Abmachungen treffen

Für einen erfolgreichen sexualpädagogischen Unterricht ist es hilfreich, Spielregeln mit den Jugendlichen zu definieren. Einerseits können Sie als Leitungs- oder Lehrperson Regeln festlegen, und andererseits sollen auch Teilnehmende die Möglichkeit erhalten, Regeln zu definieren. Beispiele dafür: «Kein Auslachen», «Humor darf sein», «Respektvoller Umgang miteinander», «Niemand muss einen Beitrag leisten», «Gesagtes behalten wir für uns». Die aufgestellten Spielregeln können beispielsweise auf einem Plakat notiert im Gruppenraum aufgehängt werden.

Was will ich eigentlich? Zielsetzungen in der Sexualpädagogik

Weshalb möchten Sie diese Filme in der Arbeit mit Jugendlichen einsetzen? Welche Motivation steckt dahinter? Sexualpädagogischer Unterricht ist nicht nur Wissensvermittlung. Es gilt, den Diskurs von allen Beteiligten über Werte und Normen, über Gehörtes, Gesehenes und Erfahrenes zu fördern. Das Ziel der Sexualpädagogik besteht darin, einen verantwortungsvollen, selbstbestimmten, angstfreien und lustvollen Umgang von Jugendlichen mit ihrer Sexualität zu fördern, resp. sie auf diesem Weg zu begleiten. Dazu gehören:

- Abbau geschlechtsspezifischer Mythen und (Vor-) Urteile
- Altersadäquate Wissensvermittlung
- Förderung von sexueller Selbstbestimmung, Selbstverwirklichung und Selbstverantwortung
- Erkennen und Abwehren sexueller Grenzüberschreitungen
- Förderung angstfreier Sexualität, Abbau von unnötigen Schuldgefühlen
- Förderung der Kommunikations- und Toleranzfähigkeit
- Unterstützung der Liebes- und Beziehungsfähigkeit
- Einbezug der Erfahrungen von Jugendlichen

Anforderung an die Leitung

Sie als Leitungsperson nehmen eine zentrale Rolle im sexualpädagogischen Unterricht ein. Sie beeinflussen Jugendliche in Gesprächen und werden auch aufgefordert, Stellung zu nehmen. Manche Jugendliche möchten auch wissen, wie Sie Sexualität leben. Normen und Werte werden in Frage gestellt, oder Jugendliche flirten mit Ihnen. Hilfreich ist, sich vor den Veranstaltungen über verschiedene Dinge Klarheit zu verschaffen.

- Wie habe ich die eigene Aufklärung, das Sprechen über Sexualität im Jugendalter erlebt?
- Welche Normen und Werte sind mir wichtig? Wie gehe ich damit um, wenn Jugendliche ganz andere haben?
- Worüber möchte ich nicht sprechen? Was wäre mir peinlich oder unangenehm?
- Wie waren meine ersten sexuellen Erfahrungen? Was teile ich anderen aus meinem Sexualleben mit?
- Veränderungen meiner Einstellung zur Sexualität?
- Welche «Blinde Flecken» könnten mich bei der Arbeit mit Jugendlichen behindern?
- Wie gehe ich mit einer erotisierenden Situation um?
- Welches Fachwissen besitze ich wirklich? Wo kann ich Unterstützung holen?

6. Kurzgeschichten der Porträts
Anne Voss

6. Kurzgeschichten der Porträts
Anne Voss

6.1. Alba, 18, Maturandin

Die Vorgeschichte

Alba hat ihren ersten Freund mit zwölf. Sie lebt mit ihren Eltern in Afrika. Ihr Freund ist zwei Jahre älter, was ihr sehr gefällt, denn er spricht von anderen Dingen als ihre gleichaltrigen Freunde und Freundinnen. Zurück in der Schweiz lernt Alba andere Jungen kennen. Sie hat zum ersten Mal Sex, weil sie es einfach mal ausprobieren will. Beide wissen nicht wirklich, wie es geht, und für Alba hat es sich nicht gut angefühlt. Für ihn war es vermutlich nicht schlecht, denkt Alba, für Jungen ist es sowieso einfacher. Ein halbes Jahr ist sie mit ihm zusammen. Danach hat sie einen sehr netten Freund, mit dem sie eineinhalb Jahre zusammen bleibt. Alba denkt heute, dass man mit dem ersten Mal warten sollte, bis man wirklich weiss, was man tut.

Die Filmgeschichte

Alba verliebt sich mit sechzehn in den 19-jährigen Thibault, einen Schulkollegen. Thibault redet nicht viel, ist ein eher unauffälliger Typ, gross und muskulös, und er versucht nicht, sexuell etwas zu erreichen, als sie zum ersten Mal zusammen in einem Bett schlafen. Das gefällt Alba sehr. Die beiden verstehen sich gut, wollen sich ständig sehen und sind wie süchtig nacheinander. Auch sexuell passen sie gut zusammen.

Bei der Verhütung sind sie nicht sehr vorsichtig, so dass Alba ein paar Mal die Pille danach nimmt, was eine heikle Sachen ist, denn diese Pille sollte kein Verhütungsmittel sein. Irgendwann jedoch spürt Alba, dass sie schwanger ist. Der Schwangerschaftstest ist positiv. Die Nachricht bringt Thibault ziemlich durcheinander. Sie fragen sich, was sie tun sollen: Schwangerschaft austragen oder abbrechen?

Thibault ist nicht abgeneigt, es zu behalten, und Alba tendiert auch dazu. Aber sie braucht Zeit für eine Entscheidung. Albas Eltern liefern genügend Argumente für einen Abbruch. Es gibt Konflikte in der Familie. Alba fragt sich: Gibt es überhaupt den richtigen Moment, ein Kind zu bekommen? Nach der Schule kommt das Studium oder die Lehrzeit, dann die Berufskarriere, man will ausgehen, reisen, frei und unabhängig sein, bis man irgendwann vielleicht zu alt ist und ein Kind mit künstlicher Befruchtung zeugen muss. Das wäre nichts für sie. Alba entscheidet sich schlussendlich für das Kind und freut sich ab diesem Zeitpunkt sehr darauf.

Thibault ist bereit sein Studium aufzugeben und zu arbeiten, um die zukünftige Familie zu ernähren. Da seine und auch Albas Eltern aber bereit sind, ihnen finanziell zu helfen, kann er studieren. Als der Sohn Aldéric zur Welt kommt, wirkt er wie ein Zauberstab auf die ganze Familie. Alle sind hingerissen von ihm. Eltern, Geschwister, Freunde, irgendjemand kümmert sich immer um Aldéric, wenn Thibault und Alba arbeiten oder ausgehen. Die junge Familie wohnt bei Albas Eltern. Thibault geht zur Uni, Alba macht ihren Schulabschluss. Beide sind einverstanden mit ihrem Leben wie es jetzt ist. Alba ist sich nicht sicher, ob sie das Kind behalten hätte, wenn ihre Eltern sie vor die Tür gesetzt hätten und Thibault gegangen wäre. Sie kann gut verstehen, dass eine junge Frau sich für einen Schwangerschaftsabbruch entscheidet, wenn sie ein Kind allein ohne den Vater und die Unterstützung ihrer Familie grossziehen muss.

6. Kurzgeschichten der Porträts
Anne Voss

6.2. Alexandra, 18, Fotografin in Ausbildung

Die Vorgeschichte
Alexandra verliebt sich zum ersten Mal mit zwölf in einen Junge aus ihrer Klasse. Ein Jahr lang sind sie ein Paar. Als ihr Freund die Beziehung beendet, ist Alexandra sehr verletzt. Sie versucht vergeblich, ihn zurückzugewinnen. Er verliebt sich schlussendlich in eine ihrer Freundinnen.

Zwischen dreizehn und fünfzehn lernt Alexandra eine ganze Reihe von Jungen kennen, lässt aber einen nach dem anderen abblitzen. Gleichzeitig interessiert sie sich mehr für Frauen. Als sie sicher ist, dass sie Frauen bevorzugt und davon in ihrem Freundeskreis erzählt, wird ihr Geständnis gut aufgenommen.

Die Filmgeschichte
Alexandra informiert sich im Internet über gleichgeschlechtliche Liebe und trifft dabei auf die Seite «Purplemoon», über die sich Schwule und Lesben kennenlernen können. Sie nimmt Kontakt zu einem Mädchen auf. Die beiden schreiben sich, treffen sich, und Alexandra erlebt zum ersten Mal Sex mit einer Frau. Es kommt überraschend, Alexandra weiss gar nicht wie ihr geschieht, traut sich aber nicht, ihrer Partnerin zu gestehen, dass sie noch keinerlei sexuelle Erfahrungen mit Frauen hat. Die Beziehung dauert ein paar Wochen, dann verliebt sich ihre Partnerin in eine andere Frau und es ist aus.

Einige Zeit später begegnet sie einer Frau, die ihre grosse Liebe sein wird. Es ist Liebe auf den ersten Blick. Im Laufe der Zeit entsteht eine Verbundenheit wie Alexandra sie noch nicht erlebt hat. Mit zunehmender Vertrautheit wird auch der Sex immer schöner und intensiver.
Die Freundin flirtet gern, das weiss Alexandra und sieht anfangs darüber hinweg, bis sie dann doch eifersüchtig wird. Es kommt zu Streitigkeiten. Als Alexandra dann einmal ein anderes Mädchen küsst, gesteht sie es ihrer Freundin spontan, worauf die mit ihr Schluss macht. Alexandra ist verzweifelt, aber sie kann es auch verstehen: Wenn man liebt und jemand anderen küsst, dann kann doch in der Beziehung etwas nicht stimmen, oder?

Alexandra versucht, ihre Freundin zurückzugewinnen. Doch wenn sie auf die Freundin zugeht, will diese nicht, und wenn die Freundin zu Alexandra zurück möchte, ist Alexandra nicht bereit. Als Alexandra dann weiss, dass sie ihre Freundin wirklich wiederhaben will, fährt sie zu ihr. Sie haben sich länger nicht gesehen, Gefühle von Vertrautheit und Leidenschaft brechen wieder auf, und sie verbringen ihre schönste und auch letzte Nacht zusammen. Du bist mein Mädchen, denkt Alexandra, als sie am Morgen vor ihrer Freundin erwacht und sie anschaut. Aber als die ihre Augen aufschlägt, sagt sie: «Du musst jetzt gehen, ich habe heute noch ein Date.»

Seit dieser Zeit ist Alexandra recht skeptisch anderen Frauen gegenüber. Aber sie hat es dann doch geschafft, sich wieder zu verlieben. «Es ist ein Kommen und Gehen mit der Liebe», meint Alexandra.

6. Kurzgeschichten der Porträts
Anne Voss

6.3. Chiara, 17, Maturandin

Die Vorgeschichte
In der 6. Klasse flirtet Chiara mit einem coolen Typ, der sie fasziniert, weil er mit sechzehn schon recht selbstbewusst ist. Chiara ist total aufgeregt, wenn sie ihn sieht, möchte etwas mit ihm anfangen, Liebesbriefe gehen hin und her. Aber, nachdem er gefragt hat, ob sie mit ihm gehen wollte, verliert Chiara das Interesse. Man ist zusammen, kein Necken und Flirten mehr. Schmetterlinge weg, denkt Chiara, und entliebt sich.

Die Filmgeschichte
In der ersten Gymnasialklasse bekommt Chiara einen Pultnachbarn, Nicholas, der ihr erst gar nicht gefällt. Doch dann verstehen sie sich bald sehr gut, und sie werden beste Freunde. Irgendwann merkt Chiara, dass sie in Nicholas verliebt ist, und er gesteht ihr, dass er sich auch in sie verliebt hat. Chiara möchte aber nichts mit ihm anfangen, irgendwie findet sie, dass sie doch noch zu jung sind. Ihr Freund ist enttäuscht und glaubt, dass Chiara nur mit ihm gespielt hat. So sind sie nun Pultnachbarn, die nicht miteinander reden.

Aber allmählich wächst ihre Freundschaft wieder, und Chiara spürt, dass da noch mehr ist, dass es zwischen ihnen eine tiefere Verbindung gibt. Doch dann verliebt Nicholas sich plötzlich in eine Andere. Chiara überlegt, ob er sich vielleicht in das Mädchen verliebt hat, weil sie selbst noch keinen Sex wollte.

Nach den Sommerferien kann Chiara nicht anders, als Nicholas zu gestehen, dass sie ihn liebt. Er liebe sie auch, sagt er, als Kollegin, aber glücklich verliebt sei er in die Andere. Für Chiara bricht eine Welt zusammen. Zum ersten Mal hat sie so richtig Liebeskummer.

Eine Zeit später verliebt Chiara sich in einen anderen Jungen und kommt schnell mit ihm zusammen. Sie gehen miteinander ins Bett, befriedigen sich gegenseitig, und Chiara gefällt das. Am Anfang ist sie recht scheu. Sie hatte sich ja noch nie vor einem Jungen ausgezogen und ist unsicher wie er sie findet. Als er zum ersten Mal in sie eindringt, sagt sie zunächst, «ja», es sei schön, obwohl es ihr weh tut, weil sie denkt, das wird schon noch besser. Aber es tut ihr einfach nur weh, und sie traut sich dann doch zu sagen, nein, eigentlich ist es nicht gut. So lernt sie zu sagen, was ihr gefällt und was nicht.

Erst nach ein paar Wochen fällt Chiara auf, dass sie eigentlich nichts zusammen unternehmen und auch nicht wirklich miteinander reden. Sie sagt: «Ich kenne dich ja gar nicht, erzähl doch mal was von dir. Was bist du eigentlich für ein Mensch?» Ihr Freund versteht nicht, was sie meint. «Wir sind doch zusammen, wir kennen uns doch», sagt er. In dieser Beziehung hat Chiara Sex, aber ihr fehlt eine Freundschaft wie sie sie mit Nicholas erlebt hatte. Deshalb beschliesst sie, die Beziehung zu beenden. Als sie es ihrem Freund sagt, spürt sie, wie er zittert. Ihn so traurig zu sehen ist schlimm für sie, am liebsten würde sie einen Rückzieher machen, ihn in den Arm nehmen und sagen: «Komm, es ist doch alles gut». Aber sie lässt ihn gehen.

Nach einem Jahr ohne Kontakt sind sie sich wieder wie neu begegnet und Freunde geworden. «Das ist selten, findet Chiara, und das ist cool.»

6. Kurzgeschichten der Porträts
Anne Voss

6.4. Kataryna, 18, Pflegefachfrau in Ausbildung

Die Vorgeschichte

Als Kataryna sich mit dreizehn zum ersten Mal verliebt, sind die Gefühle intensiver als sie sich das jemals gedacht hatte. Acht Monate sind sie und ihr Freund zusammen. Sie sehen sich fast jeden Tag und vertrauen sich Dinge an, die sie sonst niemandem erzählen. Manchmal liegen sie zusammen im Bett, nackt nebeneinander, sie umarmen und küssen sich, aber weiter trauen sich beide nicht. Er will immer bei ihr sein, und Kataryna bleibt keine Zeit für ihre Freundinnen. Darüber streiten sie oft, bis Kataryna endgültig «Nein» sagt. Sie macht Schluss, weil es ihr zu eng geworden ist.

Die Filmgeschichte

An ihrem 17. Geburtstag verliebt sich Kataryna zum zweiten Mal, und zwar in einen Jungen, von dem ihr Freundinnen abraten. Er hat tatsächlich keinen guten Ruf, er ist ein Schlägertyp, er kifft, er hat Probleme in der Schule. Aber Kataryna erlebt ihn ganz anders. Er ist sehr lieb zu ihr, geht auf ihre Wünsche ein und versucht, ihr alles recht zu machen. Sie verstehen sich gut und werden vertraut miteinander. Auch als sie sich zum ersten Mal lieben, ist er sehr aufmerksam und zärtlich. Er macht es Kataryna leicht, sich nicht zu schämen. Von da an haben sie häufig Sex, und der ist recht fantasievoll. Kataryna ist glücklich.

Als sie etwa ein halbes Jahr zusammen sind, wird ihr Freund recht eifersüchtig. Er fängt an, Kataryna zu kontrollieren, verbietet ihr schliesslich, ihre beste Freundin zu treffen, die er für eine Schlampe hält, und Kataryna gibt ihm zu Gefallen den Kontakt zu ihr auf. Sie geht nirgendwo mehr hin ohne ihn, ist fast nur noch bei ihm zuhause, was immer öfter zum Streit mit ihrer Mutter führt.

Kataryna hat mit ihrer Lehre angefangen und ist nach einem harten Arbeitstag recht müde. Sie möchte mit ihrem Freund gern kuscheln, reden oder fernsehen, aber er will nichts als Sex. Allmählich verliert Kataryna die Lust daran. Das macht ihn wütend, er unterstellt ihr, dass sie etwas mit einem anderen habe und beschimpft sie als Hure. Kataryna, die sich einmal sicher war, dass sie sich nie von einem Mann bestimmen lassen würde, lässt alles über sich ergehen. Wenn er sie stösst, zerrt und schlägt, wehrt sie sich, und das macht ihn nur noch wütender. Sie will sich trennen, er verspricht, es nie wieder zu tun, und Kataryna verzeiht ihm.

In dieser Zeit wird sie schwanger. Sie liebt Kinder und möchte selbst welche haben, aber nicht so früh. Deshalb entscheidet sie sich für einen Schwangerschaftsabbruch. Entgegen Katarynas Erwartung, reagiert ihre Mutter verständnisvoll. Auch sie rät zum Abbruch. Sie fährt Kataryna zur Frauenärztin und während des Eingriffs ist ihr Freund an ihrer Seite. Nach dem Eingriff geht es Kataryna lange nicht gut. Eine Kollegin, die auch einen Schwangerschaftsabbruch hinter sich hat, hilft ihr, über den Kummer hinwegzukommen. Die Beziehung zu ihrem Freund zu beenden, fällt ihr schwer, weil sie noch immer Gefühle für ihn hat. Aber einmal musst du auf deinen Kopf hören und nicht auf dein Herz, sagt Kataryna. Sie will mit ihrem Freund endgültig Schluss machen, ihre Lehre gut beenden und sich auf ihre Ziele besinnen.

6. Kurzgeschichten der Porträts
Anne Voss

6.5. Zahraa, 18, Zahntechnikerin in Ausbildung

Die Vorgeschichte

Zahraa ist zwölf als sie mit ihrer Mutter und ihrem Onkel aus dem Irak in die Schweiz flieht. Ihre Grosseltern sind ermordet worden, und auch Zahraas Leben war bedroht. In der Schweiz fühlt sie sich fremd. Sie träumt davon, Sängerin zu werden. Die Bühne ist der Ort, wo sie sein kann wie sie will, wo sie sich gut fühlt und keine Grenzen spürt.

Die Filmgeschichte

Mit vierzehn verliebt sich Zahraa in einen Jungen, den sie im Autobus sieht. Sie weiss nichts über ihn, aber sie ist zwei Jahre lang ernsthaft in ihn verliebt. Sie schaut ihn nur an, er schaut manchmal zurück und lächelt. In ihren Tagträumen geht sie neben ihm, hält seine Hand, spricht mit ihm. Als sie erfährt, dass er eine Freundin hat, ist sie traurig, aber sie denkt, er ist ein richtiger Mann, er hat eine Freundin und schaut keine andere an, das respektiere ich.

Zahraa wird bald achtzehn und hat keinen Freund. Manchmal fühlt sie sich allein. Ihre beste Freundin redet ihr zu, sich jemanden zu suchen, und Zahraa probiert es übers Internet. Auf einer Kontaktseite findet sie schliesslich einen, der sie interessiert. Sie schreibt ihm, sie spricht mit ihm, und sie ist zunächst schockiert, dass er wie sie aus dem Irak stammt. Aber sie trifft sich mit ihm und geht mit ihm aus.
Zwei Monate sind gut, dann kommen sie an einen Punkt, wo sie sich nicht mehr verstehen. Er möchte sie zum Beispiel mit zu sich nach Hause nehmen, aber Zahraa zögert. Sie fragt ihn, ob er erlauben würde, dass seine jüngere Schwester einen Freund mit nach Hause bringt. Nein, das würde er nicht. Aber als Mann könne er seine Freundin mit nach Hause bringen. Das ist es, was Zahraa an Männern aus ihrem Kulturkreis nicht gefällt. Sie selbst tun Dinge, die sie Mädchen verbieten. Zahraa findet, dass er sie nicht respektiert. Und wenn sie sich nicht respektiert fühle, sagt sie, dann sei es ganz schnell zu Ende.

Wenn Zahraa Make-up und einen Minijupe trägt, wie soll man sie dann respektieren, mag manch einer fragen. Aber für sie ist das keine Frage des Respekts. Es ist eine Frage der Freiheit. Wenn Zahraa sich schminkt und ihre Haare offen trägt, dann heisst das nicht, dass sie ein leichtes Mädchen ist. Und wenn Jungen denken, sie sei ein Mädchen, das leicht zu haben ist, dann haben sie sich geirrt. Sie weiss: Wenn sie sich selbst nicht achtet, ihren Körper nicht respektiert, dann wird niemand sie respektieren.

Zahraa hat keine sexuellen Erfahrungen. Sie ist neugierig wie das so ist mit dem Sex, aber sie ist nicht auf Abenteuer aus. Sie will sich, ihren Körper, alles, nur einem Mann geben, mit dem sie ein Leben lang zusammen sein möchte. Ihre Mutter bestärkt sie darin und sagt, dass Sex mit dem Mann für's Leben etwas ganz Besonderes und Wunderbares sei.

Vor kurzem hat sich ein Junge bei ihr gemeldet, mit dem sie vor drei Jahren in einer Klasse war. Er war ein guter Freund, ein Vertrauter, der immer für sie da war. Jetzt ist sie verblüfft als er sagt, er sei in sie verliebt und möchte mit ihr ausgehen. Sie trifft sich mit ihm und findet, er ist so erwachsen geworden. Er ist schön, gross, muskulös, ein guter Mann. Sie mag ihn sehr. Aber sie weiss noch nicht, ob sie mit ihm zusammen sein möchte.

6. Kurzgeschichten der Porträts
Anne Voss

6.6. Farsad, 16, Automechaniker in Ausbildung

Die Vorgeschichte
Farsad ist stolz darauf, in seinem Alter schon mehr als eine Frau gehabt zu haben. Wenn er aber an seine zukünftige Frau denkt, wäre es ihm nicht recht, wenn sie vor der Ehe sexuelle Kontakte gehabt hätte. Er würde ihr alles beibringen, und er glaubt, dass seine Frau das auch gern hätte.
Die ersten Erfahrungen hat Farsad mit vierzehn gemacht. Sie war neu in der Klasse, sah nicht besonders gut aus, aber Farsad hat sie gefallen, und er ist mit ihr ausgegangen.

Die Filmgeschichte
Eines Abends küssen sie sich, erst ganz zart, dann heftiger. Farsad berührt ihre Brüste, fühlt sich erregt und macht weiter bis auch sie Lust hat. Er besorgt schnell Kondome. Aber wohin? Es ist Winter und sehr kalt. Andere tun es im Solarium, also auch sie. Es ist für beide das erste Mal. Farsad hat Pornoclips geschaut, sich die Stellungen genau angesehen, und er ist überzeugt, er kann es genauso wie im Clip machen. Es ist dann ganz anders, aber doch ein geiles Gefühl.

Es war gut, es ist vorbei, und Farsad möchte so schnell wie möglich zu seinen Kollegen. Er wird als erster erzählen können, wie es ist. Sie wird nie so richtig verstehen, dass er danach keine Nähe mehr möchte, aber sie akzeptiert es und geht nach Hause, wenn auch immer etwas traurig. Nicht gleich beim ersten Mal, aber später fragt Farsad sie, wie es ihr gefällt und was ihr besonders gefällt. Er weiss, dass man eine Frau erst richtig erregen muss, bevor man anfängt, und er spürt selbst an der Art ihrer Erregung, was sie besonders gern mag.

Das Gefühl von Liebe kennt Farsad damals noch nicht. Sie gehen immer öfter zusammen aus, sie telefonieren, sie haben Sex, und Farsad überlegt, das ist doch eine Beziehung. Er denkt an sie, sie denkt an ihn, er freut sich auf sie und vermisst sie sehr, als sie eine Woche im Landschulheim ist. Da merkt er, dass er sie liebt. Fast ein Jahr lang sind sie zusammen. So kam hier erst der Sex und dann die Liebe.

Aber Farsad ist auch ein eifersüchtiger Mann, und er möchte nicht, dass seine Freundin ohne ihn ausgeht, auch nicht mit ihren Kolleginnen. Auf Dauer geht es nicht gut, sie streiten sich oft und beschliessen eine Pause einzulegen.
Während dieser Pause denkt Farsad, es gibt nicht nur die eine, und er vermutet, sie denkt auch, es gibt nicht nur den einen. Und so gehen sie auseinander.
Die Trennung ist dennoch nicht schnell überwunden. Farsad ist traurig, er versucht sich abzulenken, kifft ab und zu, und schliesslich trifft er andere Frauen und kann seine erste Liebe vergessen.

Ab und zu sieht er sie mit ihrem neuen Freund, aber er schenkt ihr keine grosse Aufmerksamkeit. Sie ist seine Ex, und er will ihrem Freund nicht zeigen, dass er sie als Erster gehabt hat.

6. Kurzgeschichten der Porträts
Anne Voss

6.7. Ivan, 19, Fachmann Gesundheit

Die Vorgeschichte
Mit dreizehn interessiert Ivan sich zum ersten Mal für ein Mädchen. Er kann super gut mit Mädchen reden, aber er verliebt sich nicht. Mit fünfzehn merkt er, dass er sich auch für Jungen interessiert. Kann es sein, dass ich schwul bin, fragt er sich. Nein, das kann nicht sein! Mit sechzehn schwärmt Ivan nur von Männern, und er sagt sich wieder: Nein, ich bin nicht schwul. Er lebt in einem Dorf, und da wäre das ganz schlimm. Er hat Angst, seine Familie und Freunde zu verlieren, wenn herauskäme, dass er schwul ist, und er kämpft gegen seine Gefühle.
Er treibt Sport, er fängt an zu lesen, zu lernen, will klug sein, perfekt sein, dass ihn doch alle irgendwie schätzen und achten würden, wenn es denn einmal herauskäme, dass er Männer liebt. Nach aussen spielt er super, aber er weiss, er belügt sich selbst und fängt an sich selbst zu hassen. Als er seine Traurigkeit zu Hause nicht mehr verbergen kann, gesteht er seiner Mutter, dass er schwul ist. Für sie ist das ein Schock, es kommt zu Auseinandersetzungen. Erst später begreift Ivan, dass seine Mutter ihn vor Schwierigkeiten, die er in der Gesellschaft bekommen würde, bewahren möchte.

Die Filmgeschichte
Als Ivan sich geoutet hat, möchte er einen Mann kennenlernen. Er findet ihn übers Internet. Sie treffen sich, haben eine gute Zeit, Ivan ist verliebt – aber der Mann meldet sich nicht mehr.

Dann trifft Ivan jemanden, zu dem sich eine Freundschaft entwickelt. Die beiden Männer sind ineinander verliebt, aber Ivan ist noch nicht bereit zu «richtigem» Sex – zu Analverkehr. Irgendwann sagt ihm sein Freund, dass er mit einem früheren Geliebten geschlafen habe, Ivan aber liebe. Ivan kann nicht verstehen wie man Sex und Liebe trennen kann und beendet die Beziehung schweren Herzen.

Irgendwann geht Ivan auf die Seite «Gay Romeo», kontaktiert einen Mann und verabredet sich mit ihm zum Sex. Sie treffen sich in einem Café, fangen an zu reden, vergessen die Zeit und vergessen den Sex, so sehr sind sie aneinander interessiert. Schliesslich küssen sie sich, und das ist das Schönste, was Ivan bisher erlebt hat.

Sie haben Sex, aber es geht ihnen vor allem darum, beieinander zu sein. So geniessen sie sich einen Sommer lang, bis der Freund zurück nach Hause, nach Belgien, muss. Obwohl Ivan wusste, dass der Abschied kommen würde, trifft es ihn hart. Er trauert dem Freund nach und kann ihn nicht vergessen. Ivan hat ihm nie gesagt hat, dass er ihn liebt, und das quält ihn. Ein Jahr nach der Trennung, als Ivan wieder einmal sehr traurig ist, sich zu Hause verkriecht und weint, trifft eine E-mail von seinem Geliebten ein. Er fragt, wie es ihm geht und wünscht ihm eine gutes neues Jahr. Und das allein tröstet ihn. Es bestärkt ihn in dem Gedanken, dass er für den Geliebten nicht nur eine Episode war.

Ivan stellt sich die Frage, ist das jetzt die einzige Liebe gewesen, und werde ich niemanden mehr so sehr lieben? Er kommt schliesslich zu dem Schluss, dass es verschiedene Arten von Liebe gibt. Er wird diesen oder jenen nie so lieben wie den Belgier. Es wird immer eine andere Liebe sein, und jede Liebe ist einzigartig.

6. Kurzgeschichten der Porträts
Anne Voss

6.8. Sam, 17, Fachmann Betreuung in Ausbildung

Die Vorgeschichte
Sam fängt mit dreizehn an, sich für Mädchen in seiner Klasse zu interessieren. Er traut sich aber nicht, ein Mädchen anzusprechen. Wenn er es doch einmal schafft, wird er zurückgewiesen. In dieser Zeit ist er mit sich nicht zufrieden, gibt sich selbst die Schuld und zieht sich wie in ein Schneckenhaus zurück. Mit fünfzehn, sechzehn verändert sich etwas. Im Herbstlager der Pfadi ist er noch verschlossen und ängstlich, steht da, schaut zu und wartet, dass jemand auf ihn zukommt. Im Frühling gelingt es ihm besser, mit Leuten ins Gespräch zu kommen, und er traut sich, auf andere zuzugehen. Von einer Kollegin bekommt er Bestätigung, er sei ein toller Typ. Zum ersten Mal fühlt er sich akzeptiert und aufgehoben. Zurück zuhause, schliesst Sam auf facebook Kontakt zu einem Mädchen. Sie schreiben sich Tag für Tag, erzählen aus ihrem Leben, sehen sich aber nicht, weil sie zu weit voneinander entfernt wohnen. Die Beziehung schläft ein.

Die Filmgeschichte
Sam verliebt sich dann in ein Mädchen, dem er wochenlang jede freie Minute schreibt. Sie treffen sich oft, aber er ist zu schüchtern, sie zu fragen, ob sie mit ihm gehen will. Im Chat sagt sie ihm dann, dass sie sich mehr als eine Freundschaft vorstellen könne. Sam fühlt sich seiner Freundin nah. Sie fahren zusammen in die Skiferien und schlafen Arm in Arm. Aber der erste Kuss lässt auf sich warten, sie probieren es bei einem romantischen Song, den sie wieder und wieder hören.

Beide freuen sich, dass Sam einmal bei ihr übernachten darf. In den Tagen vor dem Ereignis bemerkt er jedoch, dass die Vorfreude bei ihr abnimmt. Als sie sich dann nach der Nacht bei ihr zu Hause verabschieden, spürt Sam eine Distanz als wäre eine Mauer zwischen ihnen. Die Freundin zieht sich zurück, und Sam ist traurig. Er fragt sich, ob noch etwas zu retten ist, ob man Liebe erzwingen kann? Er findet es recht schwer, ehrlich zu sich selbst zu sein und zu erkennen, dass eine Beziehung zu Ende ist.

Später trifft Sam ein Mädchen, das er gleich ganz toll findet. Sie ist herzlich und fröhlich, ihr Lachen ist ansteckend, es reisst ihn mit. Sie treffen sich oft, sind bei ihr zu Hause, liegen auf dem Sofa, schauen fern, und als Sam ihre Hand streichelt, zieht sie sie nicht zurück. Ein kleines Signal wie dieses ist für Sam extrem wichtig. Er spürt genau, ob und wie jemand auf ihn reagiert. Von ihr kommt etwas zurück, das ist ihm wichtig. Sam macht den Vorschlag, in den Ferien zusammen nach Kroatien ans Meer zu fahren. Sie gehen Arm in Arm, küssen sich zum ersten Mal, schlafen in einem Bett, aber Sam fällt es extrem schwer, sie zu fragen, ob sie mit ihm zusammen sein möchte. Das gelingt ihm erst auf der Rückreise. Sie will. Seitdem ist sie seine Freundin. Sie steht zu ihm, und er steht zu ihr.

Die Zeit für Sex ist noch nicht gekommen. Sie kennen sich erst ein paar Wochen, das ist nicht genug, findet Sam. Er ist sogar etwas stolz darauf, dass er nicht, wie andere Kollegen, schnell mit einer Frau ins Bett springt. Er möchte nicht Sex haben, nur um mitreden zu können. Es muss für ihn stimmen und für die Frau, die er liebt.

6. Kurzgeschichten der Porträts
Anne Voss

6.9. Sébastien, 18, Student

Die Filmgeschichte

Sébastien trifft ein cooles Mädchen aus Lausanne in Paris. Sie sehen sich zwei Monate lang und schliessen Freundschaft. Sie umarmen und küssen sich, haben sich richtig gern, schlafen aber nicht miteinander. Eines Abends, im Kino, versucht Sébastien sie zu verführen. Sie weist seine Berührungen jedoch zurück. Nachdem sie Paris verlassen hat, telefonieren sie täglich.
Drei Jahre schreiben sie sich und telefonieren jeden Abend stundenlang. Sie lernen sich wirklich gut kennen. Sébastien sagt ihr, dass er sie liebt, aber es ändert sich nichts. Sie sind ein Paar und doch wieder nicht. Sie verspricht, ihren Eltern zu sagen, dass sie einen Freund hat und ihn besuchen möchte, aber sie tut es nicht. Sébastien möchte sie Anteil haben lassen an seinem Leben, Dinge mit ihr teilen, wie ein normales Paar. Aber es klappt nicht.

Für Sébastien ist diese Fernbeziehung ohne Sex auf die Dauer frustrierend. Er geht mit anderen Mädchen aus, schläft mit ihnen. Er will nicht auf andere verzichten, bloss weil er auf die Eine wartet. Auch sie trifft andere Jungen. Sie verabreden, sich zu sagen, wenn etwas mit anderen läuft. Eifersucht und Streit kommen auf, als sie sich erst zwei, drei Monate später gestehen, dass sie etwas mit einer oder einem Anderen gehabt haben. Sébastien wird rasend eifersüchtig, wenn sie ihm etwas gesteht, das länger zurückliegt. Er selbst hat kein schlechtes Gewissen, wenn er etwas mit einem Mädchen am Ort hat. Eigentlich möchte er für seine Freundin der Einzige sein, obwohl er nicht sagen kann, sie sei die Einzige für ihn. Mit einem Mädchen, das in seiner Nähe wohnt, wäre eine offene Beziehung wie mit ihr nicht möglich, aber über die Entfernung geht es.

Schliesslich, nach fast drei Jahren, gelingt es Sébastien nicht mehr ihr zu sagen, dass er sie liebt. Es geht einfach nur noch darum, aneinander festzuhalten, sich nicht trennen zu können. Schliesslich beenden sie die Beziehung telefonisch. Sie sind beide der Meinung, dass es nicht mehr funktioniert.

Sébastien möchte eine neue Freundin finden. Aber eigentlich sucht er nicht ernsthaft, er lässt es auf sich zukommen. Inzwischen verbringt er die Abende mit seinen Freunden oder spielt Basketball, hat Spass mit irgendeinem Mädchen, schläft mit ihr, was nett ist, ihm aber nichts bedeutet, weil es rein sexuell ist. Er wünscht sich eine Freundin, mit der ihn Freundschaft und Liebe verbindet, mit der er etwas unternehmen kann, der er sagen kann, was er wirklich denkt, bei der er sich fallenlassen kann.

7. Vom Thema zum Porträt – vom Porträt zum Thema
Friederike Tilemann

7. Vom Thema zum Porträt – vom Porträt zum Thema
Friederike Tilemann

Die Filme fokussieren im Besonderen Sexualität, Liebe und Partnerschaft und bieten eine Fülle an Anknüpfungspunkten für die intensive Auseinandersetzung mit diesen Themen.
Die Porträtfilme zeichnen sich durch die Authentizität und Offenheit der Jugendlichen und die Intensität der filmischen Erzählweise aus. So steht der Themenbereich Sexualität nicht für sich allein, sondern ist eingebunden in die Lebenswelt der Porträtierten mit all den Träumen, Wünschen und Herausforderungen ihres jugendlichen Alltags.

Gleichzeitig bieten – gerade die Porträtfilme – auch Anknüpfungspunkte zur Bearbeitung von weiteren Entwicklungsaufgaben, wie z.B. der Entwicklung von Selbstwertgefühl, den Umgang mit emotionalen Belastungen, Vertrauen und Grenzüberschreitung, Nähe und Distanz, Freundschaft und Liebe, Reflexionsfähigkeit und Entscheidungsfindung usw. Im Folgenden wird aufgeführt, welche entwicklungsbedingt relevanten Themen sich in den Porträtfilmen herauslösen und bearbeiten lassen.

Sich selbst und andere Menschen annehmen	**Ivan** beschreibt seinen schweren Weg zum Coming-out, der nicht nur durch seine dörfliche Umgebung erschwert wurde, sondern auch von Selbsthass und Schuldgefühlen geprägt war. Es hat lange gedauert, bis er seine Gefühle akzeptieren und sich als Schwulen annehmen konnte. Ivan macht unterschiedliche Erfahrungen mit Männern. Dennoch traut er sich nicht, einem Geliebten seine Liebe zu gestehen, worunter er noch lange leidet.
	Alexandra entdeckt die Vorliebe für Frauen bei der Rezeption von Pornografie. Für sie ist diese Erkenntnis keine grosse Herausforderung. Sie geht offen damit um, und Menschen, die ihr wichtig sind, respektieren ihre Gefühle und akzeptieren sie so wie sie ist. Erste Information und Kontaktaufnahme initiiert sie über eine Internetplattform für Lesben und Schwule.
	Kataryna beschreibt, dass sie eigentlich niemals einen Partner wollte, der sie nicht so annimmt, wie sie ist, der sie einschränkt. Dennoch entwickelt sich ihre erste Liebesbeziehung extrem in diese Richtung.
	Sam berichtet, dass er früher wenig Selbstvertrauen hatte und sehr schüchtern war. Das hat sich später geändert. Er betont, dass der Blick auf den individuellen Weg wichtig ist, es muss für ihn stimmen und für seine Partnerin. Sex möchte er nur haben, wenn er es wirklich will – nicht weil es die anderen erwarten. Er sagt, er sei fast stolz darauf, dass er noch keinen Sex hatte.
Er betont auch, wie wichtig die Ehrlichkeit sich selbst gegenüber ist. Auch wenn dies bedeute, eine Partnerschaft aufgeben zu müssen.
	Chiara hat grundsätzlich ein hohes Vermögen an Selbstreflexion. Sie traut sich, ihre Zweifel wahrzunehmen und Entscheidungen zu treffen. Sie nimmt ihr Liebesleben selbst in die Hand, lässt sich Zeit, wenn sie glaubt sie zu brauchen. So ist auch eine neue Chance für eine Liebesbeziehung entstanden. Sie beendet eine andere, weil sie ihren Partner nicht wirklich (ausserhalb des Sexuellen) kennenlernen konnte, und er ihr Bedürfnis danach nicht versteht. Aber auch hier gelingt es ihr, die Freundschaft nach einiger Zeit wieder aufzunehmen.
	Farsad ist bei seinem ersten Mal in erster Linie an seiner eigenen Befriedigung interessiert. So möchte er nach dem Geschlechtsverkehr nicht länger bei dem Mädchen bleiben und trifft sich mit seinen Kollegen.

7. Vom Thema zum Porträt – vom Porträt zum Thema
Friederike Tilemann

Verliebt sein Partnerschaft beginnen	**Alba** schildert ihren Partner als die grosse Liebe. Sie bringt ihm Verständnis und Vertrauen entgegen und teilt alles mit ihm.
	Sébastien hat sich beim Schüleraustausch heftig verliebt und führt eine romantische Fernbeziehung. Vor diesem Hintergrund beurteilt er die realen Liebschaften, die er zu Hause eingeht.
	Zahraa hat sich mit 14 Jahren verliebt, sich aber zwei Jahre lang nicht offenbart. Sie hat später im Internet nach Partnern Ausschau gehalten. Zahraa hatte noch keinen Sex und möchte dafür auch auf den Richtigen warten, für den sie «alles geben möchte». Jetzt hat sie eine Liebeserklärung von jemandem bekommen, der sie anscheinend respektiert, und mit dem sie es versuchen möchte.
	Chiara berichtet, dass sich für sie die körperliche Attraktivität eines Jungen erst im Laufe der Freundschaft entwickelt hat.
Wie sich Liebe anfühlt	**Alba** erzählt, wie sie und ihr Freund Thibault die Partnerschaft für sich entdecken und leben («wir waren verrückt, verrückt, verrückt nach einander»).
	Alexandra beschreibt in anschaulichen Bildern, wie sich Liebe anfühlt (körperliche Anziehung, Versinken im Blick, lediglich mit dem Blick wie in einem Käfig gefangengenommen zu sein, die Bedeutung des Geruchs). Und sie berichtet, wie durch die Erfahrung miteinander auch die Sexualität bereichert wurde.
	Sam beschreibt einen Kuss als eines der schönsten Erlebnisse.
	Ivan beschreibt die Liebe als etwas, bei dem man die Verbundenheit spürt, etwas, bei dem sich die Seelen streicheln, die Wärme des anderen genossen werden kann. Dass es darum geht, beim anderen zu sein und nicht darum, zum Orgasmus zu kommen. Dass er sich mit einem unbekannten Mann zum Sex verabredet hat, vergisst Ivan vollkommen, als sich während eines langen ersten Gesprächs ein starkes Interesse an dem Menschen ihm gegenüber entwickelt. Er beschreibt die Liebe in ihrer Einzigartigkeit. Jede Liebe sei anders, sei nicht mess- und vergleichbar, jeder Mensch sei anders und man liebe ihn wegen anderer Sachen.
Sexuelle Wünsche miteinander besprechen	**Alba** hat bei Thibault – anders als bei früheren Partnern – das Gefühl, dass es genau ist, wie es sein muss: nicht zu schnell, nicht zu langsam, behutsam und zärtlich.
	Alexandra traut sich bei ihrem ersten körperlichen Kontakt mit einer Frau nicht zu sagen, dass es ihr erstes Mal ist und lässt es über sich «ergehen».
	Kataryna erlebt den Beginn ihrer Liebesbeziehung sexuell sehr lustvoll und frei, später ändert sich die Beziehung dramatisch, und ihre Wünsche werden nicht mehr respektiert.
	Chiara beschreibt, dass sie gelernt hat zu sagen, wenn ihr etwas nicht gefällt.

7. Vom Thema zum Porträt – vom Porträt zum Thema
Friederike Tilemann

Vertrauen Eifersucht Betrug	**Alexandra** wird betrogen, erlebt Eifersucht als Belastung und betrügt ihre Freundin schlussendlich selbst, indem sie ein anderes Mädchen küsst. Sie ruft ihre Freundin direkt nach dem Kuss an, doch diese kann den Betrug nicht verzeihen und beendet die Beziehung. Alexandra versteht das, denn sie ist der Meinung, dass das Bedürfnis, jemand anderen zu küssen, bereits heisst, dass etwas in der Beziehung nicht stimmt.

Kataryna ist durch die Eifersucht ihres Freundes extrem eingeschränkt, und das belastet die Beziehung sehr.

Sébastien, der ja eine Fernbeziehung führt, beschreibt, wie entscheidend der richtige Zeitpunkt ist: Wenn er ihr oder sie ihm zu spät von einer anderen Beziehung erzählt, wird das als Vertrauensbruch empfunden, und es kommt Eifersucht auf.

Farsad schränkt seine Freundin aus Eifersucht in ihrem Kontakt zu anderen Personen ein. |
| **Grenzüberschreitung Aggression Gewalt** | **Kataryna** wird von ihrem Freund kontrolliert. Er unterstellt ihr bei sexueller Unlust Untreue, wird aggressiv und gewalttätig. Einmal alarmiert ihr Stiefvater sogar die Polizei. Da ihr Freund seine Taten jeweils bereut, vergibt Kataryna ihm immer wieder. Rückblickend meint sie, sie hätte schon früher reagieren sollen. Schlussendlich trennt sie sich von ihm – obwohl sie ihn noch liebt.

Zahraa hat bei ihrem irakischen Freund den Eindruck, dass er von ihr Dinge will, die er bei seiner Schwester z.B. nie dulden würde.

Farsad beschreibt sich als sehr eifersüchtig. Seine Freundin darf ohne ihn keine Kolleginnen und Kollegen treffen. Er befürchtet, andere Männer würden sich für sie interessieren, und er ist bereit, sich mit ihnen zu schlagen. |
| **Verschiedene Partnerschaften** | **Alexandra** kommentiert den Wechsel von Partnerschaften als ein «Kommen und Gehen mit der Liebe».

Ivan beschreibt, dass jede Liebe anders und unvergleichbar ist.

Zahraa sucht, als sie 18 wird, im Internet nach Partnern, weil sie meint, es sei nun an der Zeit, einen Freund zu haben.

Farsad legt grossen Wert auf Sex. Er hat reichlich Erfahrung mit Sex, ist vor allem an seinem eigenen Glück interessiert, weiss aber auch wie es sich anfühlt, verliebt zu sein. Er lässt sich nicht abschrecken, wenn er «rote Karten» bekommt. Die Freiheit, verschiedene Sexerlebnisse zu haben, ist für ihn selbstverständlich, für seine zukünftige Frau lehnt er so ein Verhalten strickt ab. |

7. Vom Thema zum Porträt – vom Porträt zum Thema
Friederike Tilemann

Erfahrungen machen Verhaltensweisen erlernen	**Farsad** sieht Pornos als Chance, das Verhalten beim Sex zu lernen. Auch wenn er erklärt, dass im Porno nicht alles realistisch sei, so versucht er dennoch, die Stellungen nachzumachen und misst seine Aktivität an pornografischen Vorbildern. Hierbei macht er die frustrierende Erfahrung, dass er im Gegensatz zu einem Pornodarsteller zu schnell zum Orgasmus kommt. **Zahraa** träumt von einer Karriere als Sängerin. Sie reflektiert Kunst als Möglichkeit, alles auszuprobieren, alles versuchsweise sein zu können.
Selbstbild	**Alba** meint, in ihr wichtigen Dingen früh entwickelt gewesen zu sein. Sie war oft die Erste als Trendsetterin und mutig bei Themen der Adoleszenz. Bei der Frage, ob sie als junge Schwangere das Kind behalten wolle, betont sie ihre Autonomie: Keiner könne ihr diese Entscheidung abnehmen, weil sie letztlich dafür die Verantwortung behalten werde. **Zahraa** ist Flüchtling, sie hat (traumatisierende) Dinge erlebt, die ihre Umgebung so nicht kennt: Deshalb [weil ich das erlebt habe], bin ich Zahraa. Sie steht in der Art, sich zu kleiden und sich zu geben, im Konflikt zwischen der europäischen und der arabischen Kultur. Zahraa hatte mit einem Freund, der wie sie aus dem Irak kommt, heftige Auseinandersetzungen darüber geführt, ob er sie respektiert: Dass er die EuropäerInnen und deren Moralvorstellungen verachtet, sie selbst dann aber nicht so behandelt, wie es nach arabischen Moralvorstellungen richtig wäre, d.h. wie er z.B. seine eigene Schwester behandelt sehen möchte.
Erziehung Eltern	**Albas** Vater hat seine Meinung zum Thema Schwangerschaft ganz klar zum Ausdruck gebracht und Alba zur Abtreibung geraten, aber er hat Albas Entscheidung, das Kind zu behalten, respektiert. Die Eltern unterstützen die junge Familie nun sehr. **Zahraas** Vorbild ist ihre Mutter. Die rät ihr, mit dem Sex auf den Mann zu warten, mit dem sie leben will, für den sie bereit ist, alles zu geben. **Kataryna** sagt ihrer Mutter, dass sie schwanger ist. Die macht ihr keine Vorwürfe, obwohl sie immer gegen Katarynas Beziehung zu ihrem Freund war, und begleitet sie zur Frauenärztin. Über ihren Kummer nach dem Schwangerschaftsabbruch kann Kataryna allerdings nur mit ihrer besten Freundin sprechen. **Chiara** hat Schmerzen beim Geschlechtsverkehr mit einem Jungen, dem sie sich nicht verbunden fühlt. Ihre Mutter rät ihr, mit dem Sex zu warten, bis sie den Mann gefunden hat, der auch ihr Freund ist.

7. Vom Thema zum Porträt – vom Porträt zum Thema
Friederike Tilemann

Moralvorstellungen	**Sébastien**, der eine platonische Liebe führte, räsoniert darüber, was denn daneben erlaubt sei, was man also tun darf, ohne die Partnerin zu verletzen.
	Zahraas irakischer Freund spricht schlecht über europäische Moralvorstellungen, will Zahraa aber dennoch in der Öffentlichkeit anfassen (berührt ihren Busen). Zahraa deutet das als mangelnden Respekt vor ihr.
	Farsad beurteilt die Fülle an sexuellen Erlebnissen für sich als selbstverständlich und damit im Kontrast zu seinen Erwartungen an seine zukünftige Frau.
Schwangerschaft Schwangerschaftsabbruch	**Alba** schildert die Reaktion des Freundes, ihrer Eltern, die eigene Unsicherheit und ihre Zweifel, und wie sie dann zu einer sehr persönlichen Entscheidung gekommen ist.
	Kataryna berichtet im Themenfilm «Sexualität und Gesundheit – Frühe Schwangerschaft» (nicht im Porträtfilm) von einem Schwangerschaftsabbruch, unter dem sie lange gelitten hat. Die Mutter begleitet sie zur Frauenärztin, über ihren Kummer nach dem Abbruch kann sie aber nicht mit ihr sprechen.

8. Lektionsvorschläge zu den Porträtfilmen
Friederike Tilemann

8. Lektionsvorschläge zu den Porträtfilmen
Friederike Tilemann

8.1. Inhalt und Einsatzmöglichkeiten

Im Folgenden werden zunächst die verschiedenen Arten von Filmen des Medienpaketes «Erste Liebe – Beziehung und Sexualität» vorgestellt. Dann folgt ein kurzer Blick auf das grundsätzliche Verständnis zur Rezeption von Filmen. Zum Abschluss werden unterschiedliche methodisch-didaktische Szenarien skizziert, die sich beim Einsatz der Filme anbieten.

Zu den Filmen

Im Medienpaket «Erste Liebe» stehen für die pädagogische Arbeit mit Jugendlichen zwei Arten von Filmen zur Verfügung: «Themenfilme» und «Porträtfilme». In beiden Filmarten kommen Jugendliche mit ihren Sichtweisen auf ihr Leben und ihre Erlebnisse und Erfahrungen zu Wort. Die Filme verzichten auf eingeblendete Fragen, belehrende Untertöne und Kommentare. Sie ermöglichen den Betrachtenden eine ehrliche, diskursive und persönliche Auseinandersetzung mit den angesprochenen Themen.

Die Porträtfilme

In den Porträtfilmen stehen die Jugendlichen mit ihrem biografischen Erleben im Zentrum. Hier kommen Höhen und Tiefen zur Sprache, Begeisterung und Zweifel werden aus ganz persönlicher Sicht beschrieben – bis hin zu belastenden Erfahrungen. Häufig ist hier auch die individuelle Entwicklung zu spüren, die jede und jeder Einzelne im Laufe der Partnerschaftsbiografie durchlebt hat. Der reflexive Blick auf die eigenen Erlebnisse hat bei vielen von ihnen Erfahrungsbildung ermöglicht, die wiederum Entwicklungen der eigenen Identität angestossen haben. Von diesem reflexiven Blick können auch andere Jugendliche in der pädagogischen Arbeit profitieren. Die Erfahrungen und Entwicklungen sind emotional berührend und regen dazu an, über eigene Sichtweisen und Vorstellungen von Partnerschaft nachzudenken. Wird dies im pädagogischen Kontext aufgegriffen und ein hilfreiches Lernarrangement inszeniert, werden Jugendliche sich intensiv und gewinnbringend mit den Themen Liebe, Partnerschaft und Sexualität auseinandersetzen können.

Grundlegendes Verständnis zur Rezeption von Filmen

Die Bedeutung eines Films entsteht im Kopf der Betrachtenden. Ein Film bietet Inhalte, filmsprachliche Mittel und symbolische Elemente, die von den Rezipierenden vor dem persönlichen Hintergrund (Biografie, handlungsleitende Themen usw.) wahrgenommen, genauer «angeeignet» werden. Jede und jeder verbindet die Filmsequenzen mit der eigenen Erfahrungswelt, den eigenen Erlebnissen, Wünschen und Ängsten. In der pädagogischen Arbeit lohnt es sich, diesem individuell gefärbten Aneignungsprozess in einem pädagogischen Setting Raum zu gewähren oder bewusst zu schaffen.

Methodisch-didaktische Szenarien für die pädagogische Arbeit

Aufgrund der subjektiven Bedeutung, mit der sich ein Mensch einen Film aneignet, bietet es sich bei derlei persönlich bedeutsamen Filmthemen an, dies in der Gestaltung von Lehr- und Lernprozessen zu berücksichtigen und für die inhaltliche Auseinandersetzung zu nutzen. Die emotionale und individuell geprägte Verbindung jedes Einzelnen mit dem Inhalt des Films eröffnet Chancen für Lernprozesse. Sie bieten die Chance der vertieften Auseinandersetzung mit den jeweiligen Filmthemen Liebe, Partnerschaft und Sexualität und regen eine persönlichen Weiterentwicklung an.

Angelehnt an das Konzept der «kreativen Rezeption» (Schröter u.a. 1995) bewährt sich folgendes pädagogische Setting:

Nach der Filmbetrachtung werden die Teilnehmenden aufgefordert, ihre Sichtweise einer Fragestellung in eine symbolische Form zu fassen und darzustellen. Diese symbolischen Objektivationen ihrer Sichtweisen werden erläutert und mit denen der anderen verglichen. Wo verstehen wir das Gesehene ähnlich, wo unterscheidet sich unsere Wahrnehmung? An welchen konkreten Szenen oder Aussagen des Films machen wir unsere Aussagen fest?

Für die Erstellung symbolischer Objektivationen gibt es zahlreiche kreative Möglichkeiten. Dies können Zeichnungen, Standbilder, szenische Darstellungen, Texte, Fotografien oder Filme, Collagen oder musikalische Interpretation sein.

Idealtypischer Ablauf einer kreativen Filmrezeption

1. Es wird ein Film bzw. eine Sequenz betrachtet.

2. Die Gruppenleitung stellt eine Frage zum konkreten Filminhalt (z.B. «Wie würdet ihr die Beziehung von Kataryna zu ihrem Partner beschreiben?» oder «Was würdet ihr Kataryna gerne einmal fragen?»)

8. Lektionsvorschläge zu den Porträtfilmen
Friederike Tilemann

3. Die Jugendlichen überlegen sich in Einzelarbeit, wie sie die Beziehung der beiden wahrgenommen haben, bzw. was sie gerne fragen würden.

4. Je nach Auswahl der symbolischen Form erstellen die Jugendlichen eine «Antwort» (in Form einer symbolischen Objektivation) in Einzelarbeit oder gemeinsam im Plenum. Wählt man beispielsweise die Methode des Malens oder Schreibens, bietet sich Einzelarbeit an. Wählt man eine szenische Interpretation in Form eines Standbildes oder einer Stuhl-Improvisation, so geht man nach einer kurzen Zeitspanne des Nachdenkens direkt in die Plenumsrunde.

5. Die Gruppe kommt zusammen, und die erste Person stellt ihre «Antwort» (Brief, Foto o.ä.) vor. Die anderen lassen das zunächst auf sich wirken und können anschliessend nachfragen.

6. Dann stellen andere Gruppenmitglieder ihre «Antworten» vor. Je nach Thema, Teilnehmenden und Ziel können alle oder nur einzelne Personen ihre «Antwort» vorstellen. Für die inhaltliche Vertiefung reichen oft ein paar wenige Beiträge. Dafür ist es wichtig, dass im Anschluss an die Präsentation gefragt wird, ob jemand eine ganz andere «Antwort» gefunden hat und diese vorstellen mag. Bei diesem Vorgehen reichen oft vier bis sechs «Antworten», um ein vertieftes, thematisches Gespräch anzuregen. Sind alle (notwendigen) «Antworten» vorgestellt, wird die zu Beginn gestellte inhaltliche Frage vertieft besprochen. Es wird differenziert betrachtet, in welchem Aspekt sich die Beiträge ähneln und wo es welche Unterschiede gibt. Dabei steht die Reflexion der thematischen Impulse im Zentrum der Betrachtung. Im Weiteren geht es darum, die Jugendlichen zu unterstützen, ihre Erkenntnisse in ihrem Alltag zu transferieren.
Die Gesprächsleitung hat zwei Möglichkeiten. Sie sollte vor dem Hintergrund ihres Unterrichtszieles entscheiden, auf welchen Aspekt sie ihren Fokus legen möchte.
Erste Möglichkeit: Steht die persönliche Auseinandersetzung mit dem Filmthema im Zentrum, sollte den Aussagen der Jugendlichen auch besonderer Raum gegeben werden – selbst wenn sie stärker vom Filmbeitrag abweichen. Hier kann der Film als Zugang zu einem Thema wie «Leben in einer gleichberechtigten Partnerschaft» dienen.
Zweite Möglichkeit: Steht die thematische Auseinandersetzung mit dem Filmthema im Zentrum, kann die Gesprächsführung, gerade bei heiklen Fragen, immer wieder auf die Filmsequenzen verweisen und diese im Detail diskutieren lassen. Dies ist beispielsweise beim Thema Verhütung empfehlenswert und insbesondere bei sehr privaten Themen. So lässt sich beispielsweise das individuelle Erleben von Sexualität im Klassenverband anhand der Protagonisten und Protagonistinnen thematisieren, ohne dass persönlichen Erlebnisse direkt eingebracht werden müssen. Die Projektion auf die Protagonisten und Protagonistinnen bietet die Chance, manche Fragen überhaupt anzusprechen und zu diskutieren.

7. Gegebenenfalls können über diese sechs Punkte hinaus weitere Übungen zum Transfer des Gelernten in den eigenen Alltag sinnvoll sein (siehe auch Kapitel 9).

8. Lektionsvorschläge zu den Porträtfilmen
Friederike Tilemann

8.2. Ideen für die pädagogische Arbeit

Methode: Brief an den Protagonisten, die Protagonistin

Nach dem Betrachten eines Porträtfilms werden die Teilnehmenden aufgefordert, in Einzelarbeit einen Brief an die porträtierte Person zu schreiben. Dafür gibt die Lehrperson eine konkrete Schreibaufforderung. Die könnte z.B. sein:

- «Was ich dich gerne fragen würde ...»
- «Was mich bei deiner Erzählung berührt hat...»
- «Was ich dir wünsche...»

Es können aber auch Schreibaufforderungen gewählt werden, die einzelne Aspekte eines Porträts gezielt in den Blick nehmen (z.B. in einem Brief an Ivan: «Woher hast du die Kraft genommen, zu deiner Homosexualität zu stehen?»).

Die Briefe können anschliessend in der Gruppe vorgelesen werden und eine Grundlage für weiteren Austausch und Diskussionen bieten. Im Vorfeld sollte die Lehrperson entscheiden, ob es für ihre Gruppe sinnvoll ist, dass die Briefe personenbezogen oder aber anonym vorgelesen und besprochen werden.

Methode: Stuhlimprovisation «Also. Ich seh das so ...»

Im Raum wird eine Bühne markiert, auf der ein Stuhl steht. Ihm gegenüber ist der Raum für die Zuschauerinnen und Zuschauer. Eine Person (freiwillige Teilnahme) nimmt auf dem Bühnenstuhl Platz und improvisiert eine Szene. Zu Beginn spricht nur die Person auf der Bühne, danach dürfen die Zuschauenden Fragen stellen. Die Person auf der Bühne bekommt die Aufgabe, in einen Charakter zu schlüpfen, der im Film nur indirekt (z.B. die Mutter von Kataryna) oder gar nicht vorkommt. Zur Ausgestaltung der Rolle werden die eigenen Phantasien und Ideen genutzt. Er oder sie setzt sich auf den Stuhl und beginnt, das Erlebte (was man aus dem Film weiss) aus der eigenen Sicht zu schildern und zu kommentieren. Hier darf ruhig etwas zugespitzt und stärker geschauspielert werden.

Mögliche Rollen können z.B. sein:
- Die Mutter von Kataryna schildert aus ihrer Sicht die Problematik der Beziehung ihrer Tochter mit ihrem Freund und begründet den Schwangerschaftsabbruch.
- Eine Freundin von Chiara erzählt über Chiaras Beziehungserfahrungen.
- Ein Freund von Ivan erzählt, was er zu dem Geschehen denkt.

Es sollte darauf geachtet werden, dass die Jugendlichen möglichst nicht eine Figur des anderen Geschlechts spielen. Denn sonst besteht die Gefahr, dass es zu einer übertriebenen Darstellung kommt und eine echte, emotionale Auseinandersetzung behindert wird.

Zudem ist eine Art Verkleidung (Hut, Tuch, Brille) sinnvoll, das den Spielenden ermöglicht, in die Rolle hineinzuschlüpfen und sie wieder abzulegen, wenn die Szene vorbei ist. Dies ist besonders wichtig, wenn die Rolle etwas unangenehm und heikel ist.

8. Lektionsvorschläge zu den Porträtfilmen
Friederike Tilemann

Methode: Standbild bauen «Er sieht sie gar nicht.»

Die Teilnehmenden werden aufgefordert, sich Gedanken zu einer Frage zu einem konkreten Porträtfilm zu machen. Dies wäre z.B. die Frage: «Wie seht ihr die Beziehung von Kataryna zu ihrem Freund?» Die Teilnehmenden denken über ihr Erleben der Beziehung von Kataryna nach. Nun wird eine Person – nennen wir sie die Erbauerin – gebeten, diese Beziehung in Form eines Standbildes auf einer freien Fläche im Raum aufzubauen, während die anderen in Ruhe zuschauen. Standbilder kommen aus der theaterpädagogischen Arbeit und sind unbewegliche, dreidimensionale Bilder, in denen Teilnehmende als Protagonisten und Protagonistinnen anstelle von (Film-)Figuren eingesetzt werden. (Vgl. Scheller 1998, Tilemann 2007)

Während des Bauens müssen alle schweigen. Die Erbauerin holt sich einzelne Personen auf die «Bühne» und formt aus den Mitspielenden das «Standbild» mit Kataryna, ihrem Freund, ggf. noch anderen Personen wie der Mutter usw. Die Körper formt sie durch Berührungen, den Gesichtsausdruck über Vormachen. Auf der Bühne entsteht eine unbewegliche Szene mit «Stellvertretenden». Requisiten wie Tisch und Stuhl werden nur sparsam verwendet. Das braucht ein paar Minuten, und es ist wichtig, dass die Erbauerin Zeit bekommt, sich über die Körperhaltungen Gedanken zu machen. Kopfhaltungen und die Platzierung der Handfläche und der Finger dienen häufig als besonders ausdrucksstarkes symbolisches Mittel. Es soll keine Szene des Films nachgestellt werden.

Das Standbild zeigt symbolisch die individuelle Sicht der Erbauerin auf die Beziehung. Von daher ist sie die Expertin für ihr Standbild. Sie zeigt damit den anderen Teilnehmenden, wie sie persönlich diese Beziehung von Kataryna zu ihrem Freund erlebt. Ist der Standbildbau abgeschlossen, tritt die Erbauerin hinter die einzelnen Figuren und formuliert einen Satz, den die Figur (z.B. Kataryna) gerade sagen oder denken könnte. Erst wenn diese Sätze ausgesprochen sind, kommt die Gruppe der Zuschauenden wieder ins Spiel. Sie dürfen Rückfragen stellen. «Verbesserungen» des Standbildes können sie nicht vornehmen, da das Bild ja das Erleben der Beziehung durch die Erbauerin widerspiegelt. Wenn das Standbild für alle in seiner symbolische Bedeutung erkennbar geworden ist, werden die Zuschauenden gefragt: «Habt ihr die Beziehung genau so erlebt?» Und nun bauen noch andere ihre Sichtweise als Standbild auf. Bei einer möglichen Aussage: «Das Aufbauen lohnt sich nicht. Ich würde es ähnlich bauen» sollte die Person aufgefordert werden, dennoch ein eigenes Bild zu entwerfen, auch wenn zunächst die Veränderung zum vorigen Bild als «minimal» angenommen wird. Die Erfahrung zeigt, dass es sich lohnt.

Methode: Fotografie «Was ich dir wünsche ...»
Die Jugendlichen sollen sich in Einzelarbeit überlegen, was sie den Porträtierten für ihre Zukunft wünschen. Haben sie einzeln eine Idee entwickelt und schriftlich skizziert, werden Fotokameras verteilt (oder es werden eigene Geräte wie Handys oder Tablets verwendet). In Kleingruppen zu drei Personen bekommen die Jugendlichen Zeit, ihre skizzierte Idee in einem Foto (oder einer Fotoreihe) symbolisch darzustellen.

Ihnen ist freigestellt, ob sie ihre Wünsche mit Hilfe von Personen, Gegenständen oder abstrakten Stilmitteln darstellen wollen. Jeder und jede Teilnehmende ist Experte bzw. Expertin für das eigene «Wunschbild». Zu diesem Zeitpunkt werden nicht die Inhalte diskutiert, sondern die Kleingruppe dient «lediglich» dazu, als Darstellende zu agieren oder in Fragen der Bildgestaltung zu beraten.

Es bietet sich an, zuvor die Gestaltungsmöglichkeiten von Fotografie zu thematisieren. Wenn die Jugendlichen vertraut sind mit der unterschiedlichen Wirkung von Kameraperspektiven, Einstellungsgrössen und Lichtführung, werden sie die Fotos ihren Vorstellungen entsprechend komponieren können.

Haben alle Teilnehmenden ein Foto zu ihrem «Wunsch» für die Protagonisten und Protagonistinnen erstellt, trifft sich die Gruppe im Plenum wieder und die Einzelnen stellen nacheinander ihre Wünsche vor. Dabei zeigen sie das Foto und beschreiben, was sie damit ausdrücken wollen. Nach dem ersten Vorstellen des «Wunsches» können Rückfragen gestellt werden.

Im Weiteren entwickelt sich ein Gespräch über die formulierten Wünsche. Hierbei werden die Jugendlichen Gemeinsamkeiten und Unterschiede feststellen oder zumindest, dass man die einzelnen Wünsche für die porträtierte Person unterschiedlich gewichtet würde. Dies ist gewinnbringend, denn es lässt Jugendliche erfahren, dass sowohl Menschen mit ihren Vorstellungen von der Gestaltung von Liebesbeziehungen und Partnerschaft unterschiedlich sind, als auch, dass die Wahrnehmung einer konkreten Situation von verschiedenen Partnern und Partnerinnen sehr unterschiedlich aussehen kann.

Die Gruppe kann anschliessend diskutieren, welche Möglichkeiten bestehen, um konfliktreichen zwischenmenschlichen Situationen zu begegnen. Dies könnte z.B. sein:

- Rückfragen und zuhören
- Verschiedene Wege suchen, sich anderen mitzuteilen
- Andere um Rat und Hilfe bitten
- Sich trennen, sich schützen

Die Gesprächsleitung sollte darauf achten, dass die Gespräche nicht in eine Richtig-Falsch-Diskussion umschlagen. Jeder Wunsch ist ein persönlicher, den man zwar teilen oder nicht teilen kann, der aber als individueller Ausdruck seine Berechtigung hat.

Viele Wünsche für die Protagonisten und Protagonistinnen verweisen auch auf eigene Wünsche der Jugendlichen. Lediglich bei Fragen von Grenzverletzungen (z.B. Demütigung, körperliche Gewalt) sollte von der Leitungsperson eine klare Position eingenommen und begründet werden.

Inhaltlich kann auch mit einer sich anschliessenden Aufgabe an die Jugendlichen weitergearbeitet werden. So kann z.B. die Frage, wie man zur Erfüllung der genannten Wünsche kommt, spannende Gespräche auslösen. Die Jugendlichen können ihre Sichtweisen und Fragen einbringen und ggf. neue Wege – auch für sich selbst – entdecken.

9. Lektionsvorschläge zu den Themenfilmen

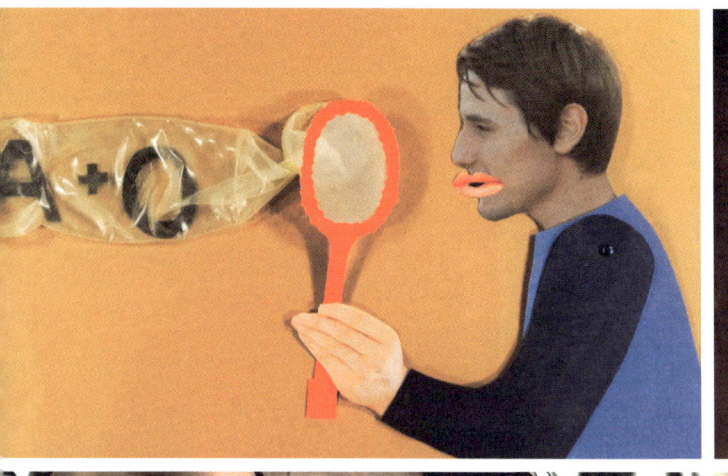

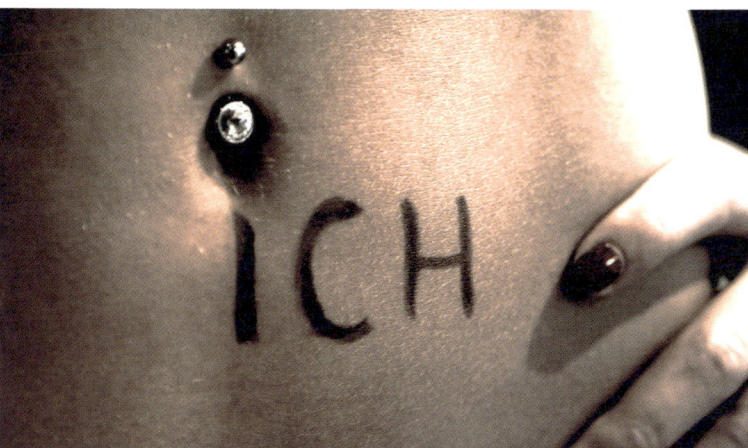

9.1. Beziehung und Freundschaft
Fedor Spirig & Lilo Gander

Einführung
Die folgenden Methodenbeispiele widmen sich den verschiedenen Themenfeldern rund um «Kennenlernen», «Beziehungen» und «Trennung». Wenn mit den Teilnehmenden dazu gearbeitet wird, darf natürlich nicht vorausgesetzt werden, dass bereits alle eigene Erfahrungen gemacht haben. Den Teilnehmenden soll zu Beginn erklärt werden, dass es nicht darum geht, ihre persönlichen Erlebnisse anzuschauen. Damit es trotzdem möglich ist, eigene Vorstellungen, Wünsche oder auch Fragen einzubringen, sind viele der Methoden so gestaltet, dass über Drittpersonen gesprochen werden kann, z.B. anhand von Filmausschnitten oder Fallbeispielen.

Bei der Bearbeitung von «Beziehungsthemen» sollte immer darauf geachtet werden, dass nicht automatisch nur von heterosexuellen Paarbeziehungen ausgegangen wird. Hilfreich kann sein, zu Beginn darauf hinzuweisen und z.B. während Diskussionen immer wieder verschiedene Paarkonstellationen zu erwähnen. Einige Methoden sind so gestaltet, dass die sexuelle Vielfalt ein Teil des Inhalts ist.

Nicht alle Methoden eignen sich für jede Altersgruppen gleich gut. Die leitende Person sollte überlegen, welche für die spezifische Gruppe passend ist.

Filmthema
Beziehung und Freundschaft

Unterthemen
Kontakt, Flirten, Beziehung, Küssen, Kennenlernen, Rollenbilder, Liebeskummer, Lust und Liebe, gleichgeschlechtliche Liebe, Schluss machen, Streit ausfechten, Grenzen und Respekt, sexuelle Treue, Internetkontakte

Kompetenzen
Jugendliche kennen Rollenbilder und Verhaltensmuster von Mann und Frau. Sie können Beziehungen gleichberechtigt eingehen und respektvoll gestalten und konstruktiv mit Konflikten umgehen. Sie kennen die mit Beziehungen verbundenen Gefühle und deren individuelle Bedeutung.

Lernziele
- Jungen und Mädchen erkennen und reflektieren verschiedene Rollenbilder und stereotypes Rollenverhalten.
- Sie wissen um gesellschaftliche Normen und Werte in Bezug auf männliches und weibliches Rollenverhalten.
- Jungen und Mädchen verfügen über Strategien, Kontakt aufzunehmen und zu flirten.
- Sie sind in der Lage, Vorstellungen und Wünsche in Zusammenhang mit Liebesgefühlen und Beziehungsgen zu reflektieren und zu formulieren.
- Sie kennen die Bedeutung der Begriffe Gleichberechtigung, Respekt und Akzeptanz und erkennen, dass die Gestaltung einer Beziehungen einvernehmlich geschieht.
- Jungen und Mädchen sind in der Lage, über (sexuelle) Wünsche, Lust und Liebe zu sprechen und wissen um die Bedeutung und Wirkung sexueller Begriffe.
- Jungen und Mädchen sind in der Lage, mit anderen Vorstellungen von (sexuellen) Bedürfnissen und Beziehungswünschen als den eigenen respektvoll umzugehen.
- Sie wissen um die Mehrdeutigkeit von Kommunikation in Beziehungen.

9.1.1. Wie soll es beginnen?
Fedor Spirig & Lilo Gander

Titel
Wie soll es beginnen?

Lernziele
Die Jugendlichen machen sich Gedanken, wie ihre Idealvorstellung des Beginns ihrer Beziehung sein sollte und können Unterschiede aufgrund des Geschlechts benennen.

Schlüsselwörter
Wünsche, Ideale, Vorstellungen, Beziehung, Geschlechterrollen

Dauer
60 Minuten

Gruppenzusammensetzung

Material
Papier und Stifte, evt. Schere, Klebstoff und Zeitschriften, evt. Sachen zum Verkleiden

Vorbereitung
Material

Anlage/Setting
Die Jugendlichen überlegen sich, wie ihre grosse Liebe beginnen soll.
Sie notieren für sich, wann, wo, mit wem (Traummensch) ihre grosse Liebe beginnen wird. (Jugendliche, die schon in einer Beziehung leben, können den Beginn ihrer jetzigen Beziehung beschreiben, wenn sie dies in der Gruppe mitteilen möchten). Sie schreiben die Wunschvorstellung auf ein Blatt Papier. Je ausführlicher die Beschreibung, umso nachvollziehbarer ist sie später für die anderen Teilnehmenden.
Die Wunschvorstellungen werden in der Gruppe vorgelesen. Wichtig ist, dass die Geschichten nicht gewertet werden. Sie können je nach Gruppendynamik gleich in der gemischten Gruppe vorgelesen werden, oder aber in einem ersten Schritt in geschlechtergetrennten Gruppen.
Auf einem Flipchart werden Gemeinsamkeiten der Mädchen- und der Jungengeschichten festgehalten. Welche Vorstellungen und Wünsche sind gleich?

Variante
Die Geschichten werden nicht geschrieben, sondern mit Bildern aus Zeitschriften als Fotoroman (Collage) konzipiert.
Die Geschichten werden vorgespielt.

Weiterführende Fragen zum Austausch
- Seht ihr Gemeinsamkeiten bei den Wunschvorstellungen der Mädchen? Welche?
- Seht ihr Gemeinsamkeiten bei den Wunschvorstellungen der Jungen? Welche?
- Gibt es Gemeinsamkeiten bei den Wunschvorstellungen der Mädchen und der Jungen?
- Gibt es Unterschiede bei den Wunschvorstellungen von Jungen und Mädchen? Wenn ja, welche?

9.1.2. Flirten – Was geht, was geht nicht?
Fedor Spirig & Lilo Gander

Titel
Flirten – Was geht, was geht nicht?

Lernziele
Die Jugendlichen überlegen, welche Flirt-Tipps sie schon kennen und lernen neue hinzu.

Schlüsselwörter
Flirten, Aufmerksamkeit bekommen, mit Ablehnung umgehen

Dauer
60 Minuten

Gruppenzusammensetzung

Sammeln

Spielen und Austausch

Material
Stift, Papier, Scheren, Karten mit den Nummern 1 bis 10. Themenfilm «Beziehung und Freundschaft – Kontakt und Flirten»

Vorbereitung
Die Gruppe wird in Kleingruppen (geschlechtergetrennt) von ca. 4 bis 5 Jugendlichen eingeteilt.

Anlage/Setting
In den Kleingruppen erstellen die Teilnehmenden eine Liste mit 10 Flirt-Tipps. Dann stellen sie die Liste in der grossen Gruppe vor. Die 10 häufigsten Tipps werden auf einem Flipchart festgehalten und von 1 bis 10 nummeriert.
In einem zweiten Schritt werden die Flirt-Tipps in der ganzen Gruppe ausprobiert, gespielt und bewertet.
Die Jugendlichen spielen eine Runde «Speed-Dating». Es werden zwei Stuhlkreise (ein Innenkreis, ein Aussenkreis) gebildet, so dass sich immer zwei Teilnehmende gegenüber sitzen. Auf dem Boden zwischen 2 Personen liegt jeweils eine Nummer von 1 bis 10. Die Jugendlichen haben jetzt die Aufgabe, die Variante (Nummer siehe Flipchart) des Flirtens während 3 Minuten «auszuprobieren», zu spielen. Nach den 3 Minuten gibt es einen Wechsel (Innenkreis rückt einen Stuhl nach links, Aussenkreis einen Stuhl nach links). Mit dem neuen Gegenüber wird die nächste Flirtvariante angespielt.

Weiterführende Fragen zum Austausch
- Wie ist es mir beim Speed-Dating ergangen?
- Gab es Flirtarten, die mir besonders gut gefallen haben?
- Solche, die mich abgestossen haben? Wenn ja, weshalb?
- Wenn mich eine Flirtart nicht angesprochen hat, konnte ich dies dem Gegenüber sagen, zeigen? Wenn nein, weshalb nicht?

9.1.3. Fünf Wünsche
Fedor Spirig & Lilo Gander

Titel
Fünf Wünsche

Lernziele
Die Teilnehmenden sind in der Lage, Vorstellungen und Wünsche in Zusammenhang mit Liebesgefühlen und Beziehungen zu reflektieren und zu formulieren.

Schlüsselwörter
Beziehungen

Dauer
45 Minuten

Gruppenzusammensetzung

Material
Bilder verschiedener Paare, «Wunschliste», Stifte (Siehe folgende Seite)

Vorbereitung
Die Gruppe wird in Kleingruppen zu 3 bis 4 Personen aufgeteilt.
Das Bild eines jungen, heterosexuellen Paares im Alter der Teilnehmenden wird aufgelegt.

Anlage/Setting
Jede Gruppe soll dem Paar fünf gute Wünsche für dessen Beziehung mit auf den Weg geben. Die Wünsche sollen realitätsnah sein. Jede Gruppe diskutiert, welche Voraussetzungen sie für eine Beziehung als wichtig erachten. Die Teilnehmenden können dabei von ihren eigenen Vorstellungen ausgehen und/oder auch die «Wunschliste» (s. Materialien) als Diskussionshilfe beiziehen. Die Gruppe soll sich am Ende auf fünf Wünsche einigen und auch die Begründung überlegen.
Im Plenum stellen die Gruppen das Ergebnis vor. Die Wünsche der einzelnen Gruppen sollen nicht diskutiert werden, der Gruppenprozess kann kurz kommentiert werden. (War es einfach, sich auf fünf Wünsche zu einigen, wo gab es allenfalls längere Diskussionen, sind die Wünsche nahe an der Realität des Paares?)
In einem zweiten Schritt erhalten die Gruppen ein Bild von je einer anderen Paarkonstellation. In der Gruppe wird nun diskutiert, ob sich die ausgesuchten Wünsche auf dieses Paar übertragen lassen oder ob einige Punkte nicht passen, dafür andere wichtig sein könnten.
Im Plenum stellen die Gruppen nun ihr zweites Paar vor und geben ihre Überlegungen bekannt.

Materialien/Unterlagen
Bilder verschiedener Paare (für jede Kleingruppe ein Bild), z.B.:
- Heterosexuelles Paar im Alter der Teilnehmenden
- Junges lesbisches Paar / schwules Paar
- Paar ca. um die 30
- Paar ca. um die 60
- Paar mit Kind
- Paar mit sichtbar grossem Altersunterschied
- Paar mit sichtbar unterschiedlicher Herkunft

Leitfragen für die Auseinandersetzung im Plenum
- Welche Bedürfnisse ändern sich möglicherweise mit zunehmendem Alter oder mit der Dauer einer Beziehung?
- Welche Bedürfnisse bleiben sich ähnlich?
- Wie unterscheiden sich Bedürfnisse von heterosexuellen- und homosexuellen Paaren bzw. wo unterscheiden sie sich nicht (spannend z.B. bezüglich Akzeptanz in der Familie, im Freundeskreis oder bezüglich Familienplanung, Kinderwunsch)?
- Sollen in einer Paarbeziehung beide dieselben Bedürfnisse haben, bzw. wie geht man mit unterschiedlichen Bedürfnissen um?

9.1.3. Fünf Wünsche
Fedor Spirig & Lilo Gander

Wunschliste

Liebe

Sexualität

Freundeskreis/ Familie

Freizeitgestaltung

Ausbildung/Arbeit

Familienplanung

...

9.1.4. Das erste Mal
Fedor Spirig & Lilo Gander

Titel
Das erste Mal

Lernziele
Die Jugendlichen setzen sich mit Fragen zum «ersten Mal» auseinander. Sie erkennen, dass auch andere Jugendliche unsicher sind und wissen, wo sie Rat und Unterstützung finden.

Schlüsselwörter
Erste sexuelle Erfahrungen, Das erste Mal

Dauer
45 bis 60 Minuten

Gruppenzusammensetzung

Material
Fallbeispiele (Fragen der Jugendlichen), Broschüren, evt. Zugang zu Computern mit Internetverbindung, Themenfilm «Körper und Sex – Das erste Mal», Porträtfilm «Farsad».

Vorbereitung
Es werden bis zu 5 Kleingruppen gebildet. Jede Gruppe erhält eines der Fallbeispiele.

Anlage/Setting
Jede Gruppe bildet ein «Expertinnen/Experten-Team». Jedes Team bespricht sein Fallbeispiel (die Frage einer Jugendlichen, eines Jugendlichen) und verfasst eine Antwort. Bei Unsicherheit können auch Broschüren oder geeignete Web-Seiten einbezogen werden.
Hinweis: Bezüglich gesetzlicher Grundlagen zur sexuellen Mündigkeit («Schutzalter») sind die Teilnehmenden darauf hinzuweisen, dass die rechtliche Situation in verschiedenen Ländern unterschiedlich ist. Zur allfälligen Beantwortung von Fragen soll also nach der Situation in der Schweiz recherchiert werden.
Nach dem Beantworten der Frage, werden der Fall und die Antwort im Plenum vorgestellt und die anderen Expertenteams können Fragen stellen oder Ergänzungen einbringen. Die Leitung/Lehrperson soll dort unterstützen, wo eventuell noch Unklarheiten bestehen.

Variante
In einer geschlechtergetrennten Gruppe können die Jugendlichen zuerst auch selber Fragen zum ersten Mal verfassen und von anderen beantworten lassen.

Materialien/Unterlagen
Fragen der Jugendlichen, je einmal ausgedruckt.

- Ich bin mit meinem Freund seit ca. 4 Monaten zusammen. Wir lieben uns und ich bin mir sicher, dass mein erstes Mal mit ihm sein wird. Nur, ist das wirklich normal und okay, nach ganzen 4 Monaten noch nicht miteinander geschlafen zu haben?!? Mein Freund möchte gern, ich bin mir aber nicht so sicher...
  Lieber Gruss, B. S.
- Hallo, ich möchte mit meiner freundin das erste mal sex haben. ich habe gelesen, dass das erste mal einer frau sehr weh tut und nicht schön ist! Stimmt das, kann ich etwas machen? Lieber gruss rob_96
- Liebes Team. Wir möchten nächste Woche unser erstes Mal erleben, jetzt bin ich total nervös was ich alles machen muss, damit es gut wird. Könnt ihr mir Tipps geben? Danke vielmal!
- Ich bin total verliebt! Aber darf ich mit 15 bereits Sex haben? Mein Freund ist 17 Jahre alt. Was, wenn meine Eltern etwas dagegen haben? Lg Melanie
- Wir sind schon lange zusammen (5 Monate) und haben sicher bald unser erstes Mal. Ich weiss aber nicht, ob ich es bringe und habe Angst davor. Ich habe nämlich bereits mit jemand anderem mal Sex gehabt, aber mein Penis ist einfach nicht steif geworden. Das ist doch nicht normal! lg nick

Wissensgrundlage
Broschüren/Web-Seiten die zur Recherche genutzt werden können:
«Hey Girls» und «Hey Jungs» zu bestellen über Aids Hilfe Schweiz: https://shop.aids.ch/de
147, Pro Juventute: http://www.147.ch/
Loveline, Jugendportal der BZgA: https://www.loveline.de/

9.1.5. Schritte bis zum ersten Mal
Fedor Spirig & Lilo Gander

Titel
Schritte bis zum ersten Mal

Lernziele
Die Teilnehmenden tauschen sich in Mädchen- bzw. Jungengruppen aus, welche Schritte ihrer Meinung nach vorausgehen, bis es zum ersten Geschlechtsverkehr kommt. Die Jungen hören sich an, was die Mädchen zum Thema denken und umgekehrt. Ziel ist eine persönliche Auseinandersetzung, mögliche unterschiedliche Meinungen in der gleichgeschlechtlichen Gruppe festzustellen und zu erfahren, was das «andere Geschlecht» zur Fragestellung sagt.

Schlüsselwörter
Beziehungsgestaltung, stereotype Verhaltensmuster

Dauer
45 Minuten

Gruppenzusammensetzung
👧|👦
Sammeln

👧👦
Austausch

Material
Blankokarten, Stifte, Arbeitsauftrag, Karten mit Leitfragen

Vorbereitung
Die leitende Person legt zuerst eine bestimmte Anzahl Schritte fest, z.B. «sieben Schritte bis zum ersten Mal». Jede Gruppe erhält den Arbeitsauftrag, je eine Blankokarte pro Schritt und Stifte.

Anlage/Setting
Die Gruppe arbeitet in geschlechtergetrennten Gruppen. In der Gruppe wird separat diskutiert, welche Schritte vorausgehen, bevor es zu einem ersten Geschlechtsverkehr kommt. Den Teilnehmenden soll erklärt werden, dass dabei die Zeit gemeint ist zwischen einem ersten Kennenlernen und einem ersten Mal.
In den getrennten Gruppen werden die sieben Schritte, auf die man sich geeinigt hat, auf je eine Karte geschrieben und deren Reihenfolge bestimmt. Anschliessend kommen beide Gruppen wieder zusammen und stellen das Resultat jeweils vor.
Die eine Gruppe stellt ihren ersten Schritt vor, legt die Karte auf den Boden oder heftet sie an eine Wand. Die andere Gruppe stellt nun ihren ersten Schritt vor, legt oder heftet ihre Karte neben die der ersten Gruppe. So wird fortgefahren, bis alle sieben Karten nebeneinander sind.
Nach folgenden Punkten können die Schritte nun ausgewertet werden:
- Wo gibt es Gemeinsamkeiten auf den beiden Listen? (farblich kennzeichnen)
- Wo gibt es Unterschiede? (farblich kennzeichnen)
- Sieht eine Gruppe etwas auf der Liste der anderen Gruppe, das vergessen wurde, aber als sehr wichtig empfindet? (z.B. Verhütung/Schutz besprechen…)

Vertiefung
In Kleingruppen können anschliessend noch Leitfragen (zur zusätzlichen Vertiefung und zum Thema «Grenzen») diskutiert und Resultate in der Gesamtgruppe oder der Halbgruppe vorgestellt werden. Vorbereitete Karten mit den Leitfragen können den Kleingruppen als Diskussionsauftrag mitgegeben werden.

Variante
Wichtig ist auch bei dieser Übung, nicht nur von einer «heterosexuellen Sicht» auszugehen. Eine Möglichkeit ist, neben einem entsprechenden Hinweis bei der Einführung zu der Übung einen weiteren Auswertungspunkt in die Runde zu geben:
Zum Beispiel würden die Schritte anders aussehen, wenn es sich beim Paar um zwei Mädchen/Frauen bzw. zwei Jungen/Männer handelt?
Auch könnte die Gruppe Fotos machen, die verschiedene Schritte in einer Beziehung darstellen.
Hilfreich ist dabei das Filmporträt «Ivan» und auch Ivans Aussagen im Themenfilm «Körper und Sex – Das erste Mal».

9.1.5. Schritte bis zum ersten Mal
Fedor Spirig & Lilo Gander

Materialien/Unterlagen
Mögliche Fragestellungen zur Vertiefung, je einmal ausgedruckt:
- Warum sind nicht immer beide gleichzeitig bereit, einen nächsten Schritt zu tun?
- Was können Gründe sein, warum manche die Sexualität schneller und andere langsamer angehen?
- Was können Zeichen dafür sein, dass jemand bereit ist, einen weiteren Schritt zu tun? (Worte und Körpersprache)
Gebt konkrete Beispiele!
- Was können Zeichen (Stopp-Signale) dafür sein, dass jemand nicht bereit ist, einen weiteren Schritt zu tun? (Worte und Körpersprache)
Gebt konkrete Beispiele!
- Wie könnte man reagieren, wenn der Partner/die Partnerin immer wieder abblockt vor einem weiteren Schritt?
Gebt konkrete Beispiele!
- Wie könnte man sich verhalten, wenn man im Nachhinein merkt, dass man einen Schritt zu weit gegangen ist?
- Macht konkrete Vorschläge, wenn…
…man die eigenen Grenzen überschritten hat
…man die Grenze des Anderen überschritten hat

9.1.6. Das überzeugendste SMS
Fedor Spirig & Lilo Gander

Titel
Das überzeugendste SMS

Lernziele
Jungen und Mädchen verfügen über Strategien, Kontakt aufzunehmen und zu flirten.

Schlüsselwörter
Kontaktaufnahme, Flirten, Partnerschaft

Dauer
30 Minuten

Gruppenzusammensetzung

Material
Papier, Stifte, Klebepunkte, Pinnwand, Magnete/Nadeln/Klebeband

Vorbereitung
Anschauen des Themenfilms «Beziehung und Freundschaft – Kontakt und Flirten».

Anlage/Setting
Die Jugendlichen erhalten den Auftrag, SMS zu verfassen, um sich mit jemandem zu treffen. Die unterschiedlichen SMS werden in einer «Galerie» ausgestellt. Die Gruppe vergibt Punkte nach folgenden Kriterien:
- spricht mich an
- ist mir sympathisch
- hat Humor
- würde ich treffen wollen

Jede Person bekommt 5 Punkte, die sie frei verteilen kann. Die drei am besten bewerteten SMS werden in der Gruppe diskutiert.

Weiterführende Fragen zum Austausch
- Habe ich schon einmal ein SMS verschickt, um jemandem zu sagen, ich möchte sie oder ihn kennen lernen? Wie ist meine Erfahrung damit?
- Ist es einfacher, jemanden per SMS anzusprechen als direkt? Wenn ja, weshalb ist das so?
- Kennt ihr andere Tipps, wie man jemanden kontakten kann, den man kennen lernen möchte?
- Wie reagiere ich auf ein SMS, das ich negativ beantworten möchte?

9.1.7. Typisch Frau, typisch Mann – Positionierung
Fedor Spirig & Lilo Gander

Titel
Typisch Frau, typisch Mann – Positionierung

Lernziele
Die Teilnehmenden setzen sich mit ihrer Meinung zu Rollenbildern auseinander, argumentieren und sind in der Lage, mögliche andere Ansichten zu beschreiben.

Schlüsselwörter
Rollenbilder

Dauer
15 Minuten

Gruppenzusammensetzung

Material
Ja-, Nein- und Möchte-mich-nicht-äussern-Tafeln, Blatt mit verschiedenen Statements

Vorbereitung
Anhand der Tafeln wird eine Ja-, eine Nein- und eine Möchte-mich-nicht-äussern-Seite bestimmt. Die Statements werden entsprechend der Gruppe und des Alters ausgesucht.

Anlage/Setting
Die leitende Person liest eine Frage oder Behauptung vor. Die Teilnehmenden stellen sich, je nach persönlicher Meinung, auf eine der Seiten (Ja/stimme zu, Nein/stimme nicht zu, Möchte mich nicht äussern). Die leitende Person kann einzelne Teilnehmende zu den Gründen für ihre Positionierung befragen. Die unterschiedlichen Begründungen sollen so stehengelassen und nicht diskutiert werden.

Variante
Es wird nur eine Ja- und eine Nein-Seite bestimmt. Die Teilnehmenden bekommen zu Beginn auch die Erlaubnis zu «lügen», das heisst, auch eine Position zu beziehen, die nicht unbedingt ihrer Meinung entspricht. Sollten sie nach einer Begründung gefragt werden, müssten sie aber auch aus der eingenommenen Positionierung heraus argumentieren.

Weiterführende Fragen zum Austausch
- Nach der Einstiegsübung ist es möglich, Statements, bei denen die Gruppenmeinung sehr kontrovers ist, im Plenum zu vertiefen. Z.B. lässt sich anhand des Statements «in einer lesbischen Beziehung übernimmt immer eine die Rolle des Mannes» diskutieren, was es denn bedeuten würde, in einer (hetero- oder homosexuellen) Beziehung «die Frau» bzw. «der Mann» zu sein.

Materialien/Unterlagen
Mögliche Statements auf Karten ausgedruckt
- Frauen können sich viel besser in Kleinkinder hineinversetzen
- Männer sind handwerklich begabter
- Frauen verursachen mehr Autounfälle
- Beim Kennenlernen soll der Mann den ersten Schritt machen
- Frauen sagen oft «Nein», wenn sie «Ja» meinen
- Männer sind schneller bereit, Geschlechtsverkehr zu haben
- Frauen sind treuer als Männer
- Frauen sind eifersüchtiger als Männer
- Männer können nicht über Gefühle reden
- In einer lesbischen Beziehung übernimmt immer eine Frau die Rolle des Mannes
- In einer schwulen Beziehung übernimmt immer ein Mann die Rolle der Frau

9.1.8. Liebeskummer
Fedor Spirig & Lilo Gander

Titel
Liebeskummer – Meine ultimativen «Tut-gut-Tipps»

Lernziele
Jugendliche erkennen, was ihnen im Umgang mit Trennungsschmerz und Trauer hilft und gut tut.

Schlüsselwörter
Sich etwas Gutes tun, Schmerz, Trauer, Verarbeitung, Distanz gewinnen

Dauer
30 Minuten

Gruppenzusammensetzung

Material
Verschiedene Gegenstände bzw. Bilder von Gegenständen

Vorbereitung
Die Jugendlichen können im Voraus aufgefordert werden, einen Lieblingsgegenstand mitzubringen, der ihnen in schmerzhaften Situationen schon geholfen hat.
Den Themenfilm «Beziehung und Freundschaft – Schluss machen» anschauen und die entsprechenden Aussagen in den Porträtfilmen suchen.

Anlage/Setting
Die vorbereiteten Gegenstände werden in die Mitte gelegt. Die Teilnehmenden werden aufgefordert, die mitgebrachten Gegenstände dazuzulegen und sich einen Gegenstand aus der Mitte zu merken. Sie bekommen den Auftrag, eine kurze Geschichte («...das wünsche ich dir, das kann helfen...») für die beste Kollegin, den besten Kollegen zu verfassen:
Z.B.: «Wenn du Liebeskummer hast, dann wünsche ich dir ganz viel Schokolade, denn die könnte dir über den Schmerz hinweghelfen.»
Die guten Wünsche werden anschliessend vorgelesen, aber nicht bewertet.

Variante
Die guten Wünsche können auch gespielt oder gezeichnet werden.

Weiterführende Fragen zum Austausch
In der gesamten Gruppe wird noch nach weiteren Tipps mit deren Vor- und Nachteilen gesucht und diskutiert.

9.1.9. Lust und Liebe
Fedor Spirig & Lilo Gander

Titel
Was macht die Lust, was die Liebe aus?

Lernziele
Jungen und Mädchen sind in der Lage, über (sexuelle) Wünsche, Lust und Liebe zu sprechen und wissen um die Bedeutung und Wirkung sexueller Begriffe.

Schlüsselwörter
Lust, Liebe, Sexualität, Selbstbefriedigung, Eifersucht, Sinnlichkeit, Grenzen

Dauer
Ca. 60 Minuten

Gruppenzusammensetzung
Erarbeiten

Ergebnisse austauschen

Material
Plakatkarton und Stifte, Themenfilm «Körper und Sex»

Vorbereitung
Die ganze Gruppe bildet geschlechtshomogene Kleingruppen von mind. vier Personen.
Die Leitung bereitet A3-Plakate vor, auf denen Zielscheiben mit mindestens fünf Ringen aufgezeichnet sind. (Zwei Plakate pro Kleingruppe, ein Plakat mit dem Titel «Liebe», eins mit dem Titel «Lust») Auftragsblatt mit Handlungsanweisung und Fragestellungen für die Diskussion in den Kleingruppen.

Anlage/Setting
Die Jugendlichen werden angeleitet, in einem Brainstorming zu «Liebe» und «Lust» Begriffe zu sammeln, die zu den beiden Themen gehören. In einem zweiten Schritt sollen sie die Begriffe auf die entsprechenden Zielscheiben eintragen. In die Mitte kommt der für sie wichtigste Begriff. Begriffe, die weniger wichtig sind, kommen nach aussen (dies wird in der Gruppe ausgehandelt und argumentiert). Anschliessend sollen in den geschlechtshomogenen Kleingruppen folgende Fragen diskutiert werden:

- Gibt es für euch Begriffe auf der Liebeszielscheibe und der Lustzielscheibe, die sich ergänzen?
- Begriffe, die sich widersprechen?
- Begriffe, die nur zusammen gehen?
- Was denkt ihr – geht Liebe ohne Lust?
- Was denkt ihr – geht Lust ohne Liebe?

Im Plenum werden die Zielscheiben und der Verlauf der anschliessenden Diskussion vorgestellt. Ziel ist es, die unterschiedlichen Positionen, Erkenntnisse kennen zu lernen und zu würdigen.

Weiterführende Fragen zum Austausch
- Was denkt ihr, ändert sich möglicherweise mit zunehmendem Alter und längerer Dauer einer Beziehung die Gewichtung bei Liebe / Lust?
- Welche Punkte, denkt ihr, bleiben ähnlich?
- Was denkt ihr, gibt es bei der Gewichtung der unterschiedlichen Begriffe?
- Unterschiede, je nach sexueller Orientierung?
- Stellt euch vor, Jugendliche hätten vor 30 Jahren die gleiche Übung gemacht. Wäre die Diskussion gleich, ähnlich oder total anders gewesen?

9.1.10. Sexuelle Vielfalt
Fedor Spirig & Lilo Gander

Titel
Sexuelle Vielfalt

Lernziele
Auseinandersetzung mit verschiedenen sexuellen Identitäten, sexueller Orientierung und Rollenverständnis.

Schlüsselwörter
Sexuelle Vielfalt, sexuelle Orientierung

Dauer
45 Minuten

Gruppenzusammensetzung

Geeignet für Gruppen nach der obligatorischen Schulausbildung (Sekundarstufe II).

Material
Porträtfilme «Ivan» und «Alexandra» zur Einstimmung oder zum Ausklang (kann auch als Hausaufgabe gegeben werden). Kärtchen mit Identitätsbausteinen aufgeteilt in vier Kategorien (siehe weiter unten).

Vorbereitung
Es ist ein genügend grosser Raum notwendig, so dass sich die Teilnehmenden in einer Reihe aufstellen können. Die Kärtchen werden so gefaltet, dass man den Text nicht sieht. Die Kärtchen werden je Kategorie in eine separate Schachtel gelegt.

Anlage/Setting
Die Teilnehmenden bilden Zweierteams. Jedes Team wird gemeinsam eine Rolle übernehmen. Dazu ziehen sie je einen Identitätsbaustein aus den vier Kategorien, die vier Bausteine ergeben die Rolle, in die sie für die Übung schlüpfen werden.
Um in die Rolle einzusteigen, können sich die Teams zur Unterstützung z.B. kurz überlegen:
- Name der Person
- Wo die Person lebt

Die Karten werden den anderen Teams nicht gezeigt, und es sollen auch keine Informationen ausgetauscht werden.

Die Teams stellen sich nun auf einer Linie im Raum auf, und die Leitung stellt einige Fragen. Alle, die in ihrer Rolle die Frage mit «Ja» beantworten können, gehen einen Schritt nach vorn, wer «Nein» antworten will, bleibt stehen. Es geht bei der Beantwortung der Frage nicht um eine sachliche Richtigkeit, sondern um eine momentane subjektive Einschätzung; dies sollten auch die Teilnehmenden wissen.

Mögliche Fragen:
- Wer ist glücklich mit seiner Arbeit?
- Wer würde einfach eine neue Arbeitsstelle finden?
- Wer kann an seiner Arbeitsstelle offen leben?
- Wer hat eine Partnerin / einen Partner?
- Wer kann die Partnerin / den Partner offen auf der Strasse küssen?
- Wer hat die Möglichkeit zu heiraten?
- Wer hat Kinder oder den Wunsch, einmal Kinder zu haben?
- Wer hat viele gute Freundinnen / Freunde?
- Wer hat eine guten Kontakt zu den Eltern?
- Wer wird von Verwandten akzeptiert?
- Wer kann offen seine jeweilige Religion leben?
- Wer hat eine eher untypische Freizeitbeschäftigung?
- Wer ist zufrieden mit seinem Leben?

Auswertung
Im Plenum stellt jedes Team kurz seine Rolle vor.
Dann kann die Übung anhand folgender Fragen ausgewertet werden:
- Wie ist es euch mit der Übung ergangen, war es schwierig, sich in die Rolle hineinzuversetzen?
- Konntet ihr euch die jeweilige Lebenssituation vorstellen? Wo war es schwierig?
- Bei welcher Frage wart ihr besonders unsicher, oder welche ist euch besonders im Gedächtnis geblieben?
- Woher habt ihr Informationen zur Lebenssituation der gespielten Person?
- Warum wissen wir über bestimmte Personen/Rollen viel und über andere fast nichts?
- Waren gewisse Rollen unrealistisch?
- Welcher Identitätsbaustein der Person hat euch bei der Beantwortung am meisten geleitet?
- Was müsste sich für die gespielte Person ändern (z.B. in der Familie, in der Gesellschaft, im Freundeskreis…), damit sich bestimmte Fragen mit «Ja» statt mit «Nein» beantworten liessen?

Abschluss
Es soll nochmals betont werden, dass die Antworten subjektiv sind und natürlich die Wirk-

9.1.10. Sexuelle Vielfalt
Fedor Spirig & Lilo Gander

lichkeit – z.B. für jede 35-jährige lesbische Frau – nicht gleich aussieht. Jede Frau und jeder Mann hat verschiedene Handlungsmöglichkeiten und Spielräume. Trotzdem können sich das biologisches Geschlecht, die Geschlechtsidentität, die sexuelle Orientierung oder untypisches geschlechterspezifisches Rollenverhalten je nach Umfeld oder Situation als einschränkend erweisen.

Variante
Die Rollen können natürlich auch durch einzelne Teilnehmende übernommen werden. In grossen Gruppen können die Identitätsbausteine doppelt ausgedruckt werden, da es durch die Kombinationen doch immer wieder unterschiedliche Rollen ergibt.
Die Identitätsbausteine können nach eigenen Vorstellungen abgeändert oder erweitert werden.

Materialien/Unterlagen
Identitätsbausteine, jedes Feld als einzelne Karte ausgeschnitten.

Identitätsbaustein Kategorie 1 : Biologisches Geschlecht, Geschlechtsidentität			
Frau, 18 Jahre alt	Frau, 22 Jahre alt	Frau, 30 Jahre alt	Frau, 35 Jahre alt
Frau, 50 Jahre alt	Mann, 18 Jahre alt	Mann, 22 Jahre alt	Mann, 30 Jahre alt
Mann, 35 Jahre alt	Mann, 50 Jahre alt	Frau, als Mann geboren, 35 Jahre alt	Mann, als Frau geboren, 35 Jahre alt

Identitätsbaustein Kategorie 2 : Sexuelle Orientierung			
heterosexuell	heterosexuell	heterosexuell	heterosexuell
heterosexuell	heterosexuell	homosexuell	homosexuell
homosexuell	homosexuell	bisexuell	bisexuell

Identitätsbaustein Kategorie 3 : Geschlechterspezifisches Rollenverhalten			
Führt den Haushalt	Arbeitet in der Bauführung	Arbeitet in einem Kinderhort	Momentan arbeitslos, arbeitet früher in einer Bar
Arbeitet in einem Spital	Befindet sich in einer Ausbildung	Arbeitet im Verkauf	Arbeitet in einem Büro
Fährt einen Schwertransporter	Neu in den Kantonsrat gewählt	angestellt bei der Kirche	Doziert an der Uni

Identitätsbaustein Kategorie 4 : Geschlechterspezifisches Rollenverhalten			
Kocht in der Freizeit gerne	Spielt Fussball	Geht am Abend gerne tanzen	Hat keine Hobbys
Entwirft und schneidert die eigenen Kleider	Leitet einen Chor	Geht zweimal in der Woche zum Karate	Schaut am liebsten Zuhause fern
Fotografiert und zeichnet gerne	Klettert gerne	Spielt gerne am Computer	Fährt mit dem Töff durch ganz Europa

9.1.10. Sexuelle Vielfalt
Fedor Spirig & Lilo Gander

Wissensgrundlagen
Für die Leitung ist es wichtig, sich im Vorfeld Grundwissen zu erarbeiten oder aufzufrischen. Um die Bedeutung der Begriffe «biologisches Geschlecht», «Geschlechtsidentität», «sexuelle Orientierung» und «geschlechterspezifisches Rollenverhalten» zu verstehen, kann das «Dossier Geschlechtsidentität» von Christa Gubler, Psychoscope 12/2011 hilfreich sein.

http://www.ziss.ch/veroeffentlichungen/PSC_12_Sexuelle_Identitaet_und_Orientierung.pdf

Transgender:
http://www.transgender-network.ch/

Sexuelle Orientierung:
http://www.packs.ch/
http://www.los.ch/
http://www.pinkcross.ch/

9.1.11. Wie Schluss machen?
Fedor Spirig & Lilo Gander

Titel
Wie Schluss machen?

Lernziele
Jungen und Mädchen erkennen, welche Bedeutung «Schluss machen» für beide Seiten haben kann. Sie sind in der Lage, sich sowohl in die verlassene Person als auch in die, welche die Beziehung beendet, hineinzuversetzen. Sie kennen Strategien des «fairen» Schlussmachens.

Schlüsselwörter
Schluss machen

Dauer
45 bis 60 Minuten

Gruppenzusammensetzung

Material
Kärtchen mit Fallbeispielen in doppelter Ausführung

Vorbereitung
Die Fallbeispiele werden auf Blätter in doppelter Ausführung kopiert. Die Gruppe wird in zwei etwa gleich grosse Kleingruppen geteilt. Wenn nicht zwei Räume vorhanden sind, werden zwei Stuhlkreise so im Raum aufgestellt, so dass sich die Kleingruppen (flüsternd) besprechen können, ohne von der anderen Gruppe verstanden zu werden.

Anlage/Setting
Bevor die erste Karte vorgelesen und an die Gruppen gegeben wird (doppelte Karten!), wird festgelegt, welche Gruppe A und welche Gruppe B ist:
A = die Beziehung beendende Position
B = die verlassene Position

Die Leitung liest das Beispiel der Karte vor und gibt je eine Karte an die Kleingruppen. Gruppe A sammelt nun Argumente dafür, wann und warum diese Art des Schlussmachens für sie die richtige und angemessene Art ist, eine Beziehung zu beenden. Hierbei kann es hilfreich für die Position A sein, die Situation anhand von Beispielen auszugestalten.
Gleichzeitig sammelt Gruppe B Reaktionsweisen und Empfindungen zu der im Beispiel vorgestellten Art des Schlussmachens. Wann und unter welchen Bedingungen ist es angebracht und wann und warum unangebracht, eine Beziehung auf diese Art zu beenden?
Nach ca. 5 Minuten bestimmen die Kleingruppen jeweils zwei der Teilnehmenden, die ihre konträren Ansichten vertreten. Dazu können sie sich gegenübersetzen, mit der Kleingruppe als Verstärkung im Rücken. Diese kann angefragt werden, falls ihnen ihre Argumente ausgehen bzw. sie nicht weiterwissen. Nach weiteren 5 Minuten signalisiert die Leitung ein Ende und fasst die unterschiedlichen Sichtweisen zusammen, bevor sie zum nächsten Beispiel überleitet.
Für die nächste Karte werden jeweils die Gruppenaufgaben getauscht (A wird B und B wird A).

Wenn alle Beispiele durchgearbeitet worden sind, gibt es eine Abstimmungsrunde, in der alle sowohl ihre Favoriten als auch ihr «Horrorszenario» schildern können.

Rolle der Leitung
Bei dieser Methode ist die klassische Spielleitung gefragt. Sie muss eventuell wieder Ernsthaftigkeit einbringen, wenn die Übung zu sehr ins Spielerische abgleitet oder die Jugendlichen sich übereinander lustig machen. Die Leitung fasst zusammen und stellt Unterschiedlichkeiten in den Positionen heraus.

Fragen zur Vertiefung
Die Beispiele sind so formuliert, dass nicht ersichtlich ist, welche Person weiblich bzw. männlich ist. Es ist auch möglich, dass es sich um zwei Frauen oder zwei Männer handelt.
Spannend könnte sein, nach der Diskussion nachzufragen, von welchen Paarkonstruktionen die Gruppen ausgegangen sind oder auch, ob die Position von A oder B eher mit einem Mann bzw. einer Frau besetzt wurde.

9.1.11. Wie Schluss machen?
Fedor Spirig & Lilo Gander

Materialien/Unterlagen
Fallbeispiele in doppelter Ausführung kopieren

- L. und T. sind seit sechs Monaten ein Paar. Am Wochenende waren sie noch gemeinsam auf einer Party. Am Montagmorgen bekommt T. von L. eine SMS mit folgendem Inhalt: «Ich liebe dich nicht mehr, wir passen nicht zusammen. Ich mache Schluss! L».
  L. = A
  T. = B

- K. und H. sind seit zwei Monaten zusammen. Sie unternehmen täglich etwas zusammen. Aber seit drei Tagen hat K. nichts mehr von H. gehört. H. reagiert weder auf SMS noch auf Telefonanrufe. K. entdeckt auf der Facebook-Seite von H., dass der Status von «vergeben» auf «Single» geändert wurde.
  H. = A
  K. = B

- P. und F. sind seit zwei Monaten zusammen und gehen am Wochenende zusammen in einen Klub. Sie tanzen beide lange, und als sie an der Bar Getränke holen, sagt F. zu P.: «Ich habe lange nachgedacht, ich glaube es macht keinen Sinn mehr mit uns beiden.»
  F. = A
  P. = B

- D. und J. sind seit einem Jahr ein Paar. Aber seit einiger Zeit ist die Luft raus. D. ist genervt von J.'s ständigem Gemecker. Ein guter Kollege rät D., Schluss zu machen, D. fürchtet sich aber davor, es J. direkt zu sagen. Als der Kollege einen Tag später J. auf der Strasse trifft, teilt der mit: «D. liebt dich nicht mehr.»
  D. = A
  J. = B

9.1.12. Konflikte, Streiten
Fedor Spirig & Lilo Gander

Titel
Konflikte, Streiten

Lernziele
Jungen und Mädchen sind in der Lage, mit anderen Vorstellungen von (sexuellen) Bedürfnissen und Beziehungswünschen als den eigenen respektvoll umzugehen.
Sie wissen um die Mehrdeutigkeit von Kommunikation in Beziehungen.
Sie erkennen, dass die Gestaltung einer Beziehungen einvernehmlich geschehen soll.

Schlüsselwörter
Konflikt, Streit

Dauer
45 Minuten

Gruppenzusammensetzung

Material
Karten mit Statements, Klebepunkte

Vorbereitung
Die Statements werden im Raum verteilt. Die Teilnehmenden erhalten je dieselbe Anzahl an Klebepunkte.
Zum Einstieg kann die Filmsequenz «Zusammen» aus dem Themenfilm «Beziehung und Freundschaft» angeschaut werden. Zu ähnlichen Aussagen, wie sie die Protagonistinnen und Protagonisten im Film machen, sollen sich die Teilnehmenden eine eigene Meinung bilden und diese diskutieren.

Anlage/Setting
Die Teilnehmenden gehen von einem Statement zum nächsten. Sie entscheiden für sich ohne sich mit den anderen abzusprechen, ob sie dem Statement zustimmen, nicht zustimmen oder sich nicht äussern können/wollen.
Danach werden die verschiedenen Statements im Plenum diskutiert, wobei die einzelnen Teilnehmenden ihre Haltung erläutern. Wenn nicht alle Statements besprochen werden können, wählt man zuerst diejenigen aus, die eher unterschiedliche Meinungen zeigen. Die Leitung kann mit Fragen die Diskussion unterstützen.

Weiterführende Fragen zum Austausch
- Bei welchem Statement war die Meinung schnell klar, bei welchem nicht?
- Gibt es geschlechterspezifische Unterschiede / Meinungen?
- Wie geht man mit einer anderen Meinung der Partnerin / des Partners um?
- Wie könnte man einen möglichen Konflikt ansprechen, ohne dass es zu gegenseitigen Vorwürfen kommen muss?
- Wie viel Streit verträgt eine Beziehung?
- Wer könnte einen unterstützen, wenn Streitereien überhand nehmen?
- Wie kann man sich nach einem Streit wieder versöhnen?

Materialien/Unterlagen
A4-Karten mit Statements für Klebepunkte

Eine Beziehung ohne Streit ist langweilig		
Stimme ich zu	Keine Äusserung	Stimme nicht zu

Weitere Statements auf A4-Karten
- Wenn man in einer Beziehung ist, kommen Kollegen/Kolleginnen an zweiter Stelle
- Flirten mit einer anderen Person ist bereits ein Seitensprung
- In einer Beziehung soll man das meiste miteinander teilen können
- Unterschiedliche Bedürfnisse nach Sex führen unweigerlich zu Konflikten
- Sich gegenseitig möglichst viel Unabhängigkeit lassen, ist wichtig für eine Beziehung
- Wenn man zu viel mit anderen unternimmt, ist es logisch, dass der Freund/die Freundin eifersüchtig wird
- Wenn man Sex und Liebe trennen kann, kommt es weniger zu Streitereien
- Wenn man sich oft streitet, macht eine Beziehung keinen Sinn mehr

9.1.13. Grenzen und Respekt
Fedor Spirig & Lilo Gander

Titel
Ein Ja ist ein Ja – ein Nein ist ein Nein

Lernziele
Jungen und Mädchen sind in der Lage, mit anderen Vorstellungen von (sexuellen) Bedürfnissen und Beziehungswünschen als den eigenen respektvoll umzugehen.
Sie erkennen, dass die Gestaltung einer Beziehung einvernehmlich geschehen soll.

Schlüsselwörter
Klar sein, Grenzen erkennen und respektieren, bestimmendes Auftreten

Dauer
30 Minuten – oder so lange wie es Spass macht!

Gruppenzusammensetzung

Material
Genügend Platz im Raum, Stoppuhr

Vorbereitung
Keine

Anlage/Setting
Die Jugendlichen stehen sich in zwei Reihen gegenüber. Die der einen Reihe denken sich – ohne miteinander zu reden – etwas aus, was sie unbedingt wollen (z.B. neues T-Shirt, am Abend an eine Party gehen). Die Jugendlichen in der anderen Reihe überlegen, was sie nicht wollen (z.B. Abwaschen, allein zu Hause bleiben). Auf das Startzeichen beginnt die Ja-Seite zu sagen: «Ja, das will ich.» Die Nein-Seite antwortet: «Nein, das will ich nicht.» Während einer Minute wechseln sich die beiden Seiten mit Ja und Nein ab und steigern sich in Lautstärke und Bestimmtheit.
Zur Unterstützung kann die Lehrperson Anleitung geben: «Jetzt ängstlich, schüchtern, selbstbewusst, wütend...!» Die Jugendlichen setzen entsprechend Stimme und Körper (kein Körperkontakt!) als Ausdrucksmittel ein. Wechsel nach einer Minute, die Übung mit einem anderen Gegenüber eine Minute durchführen.

Variante
«Standhaft bleiben»: Je zwei Jugendliche stehen sich gegenüber, legen die Handfläche gegeneinander und geben Druck. Eine Person denkt sich etwas aus, das sie sich besonders wünscht, die andere etwas, das sie nicht will. Auf das Startzeichen sagt die eine Seite Ja, die andere Nein. Dabei schauen sich die Paare in die Augen.

Weiterführende Fragen zum Austausch
- Was ist mir leicht, was ist mir schwer gefallen?
- Was habe ich bei den anderen wahrgenommen?
- Wie verlief die Dynamik? War ich in meiner Aussage mal unsicher? Wann und warum?
- Gab es Unterschiede, ob eine Person meines eigenen Geschlechts mir gegenüber stand oder eine Person des anderen Geschlechts?
- In welchen Situationen ist es wichtig, klar und deutlich Nein zu sagen?
- In welchen Situationen ist es wichtig, klar und deutlich Ja zu sagen?
- Gibt es Situationen, in denen ich schlecht Nein sagen konnte? Wenn ja, in welchen? Hätte ich anders reagieren können?
- Was denkt ihr zu der Aussage: «Jungs sagen manchmal Ja und meinen Nein?»
- Was denkt ihr zu der Aussage: «Mädchen sagen manchmal Nein und meinen Ja?»

9.1.14. Eifrig oder süchtig?
Fedor Spirig & Lilo Gander

Titel
Eifrig oder süchtig?

Lernziele
Die Teilnehmenden können Gefühle, die bei Eifersucht entstehen benennen und kennen verschiedene Meinungen zu den Themen sexuelle Treue und Eifersucht.
Sie kennen Handlungsstrategien, um mit Eifersucht umzugehen.

Schlüsselwörter
Unterschiedliche Lebensentwürfe, eigene Freunde, Sex, Liebe, Freiraum, Eifersucht

Dauer
Ca. 60 Minuten

Gruppenzusammensetzung

Material
Themenfilm «Beziehung und Freundschaft».
Porträtfilme: «Farsad» und «Kataryna», auch «Sébastien»
Karten mit Statements

Vorbereitung
Die ganze Gruppe schaut den Themenfilm «Beziehung und Freundschaft – Eifersüchtig» an und/oder die entsprechenden Sequenzen in den Porträtfilmen «Farsad», «Kataryna» und «Sébastien». Anschliessend gehen die Jungen und Mädchen in getrennte Gruppen. Eine Person führt jeweils Protokoll, um die Gruppendiskussion später dem Plenum vorzustellen.

Anlage/Setting
In den getrennten Gruppen haben die Jugendlichen die Aufgabe, die unterschiedlichen Aussagen aus den Filmen mit folgenden Leitfragen zu diskutieren:
- Welche Aussage ist mir am nächsten? Weshalb?
- Mit welcher Aussage bin ich überhaupt nicht einverstanden?
- Meine beste Kollegin, mein bester Kollege, würde mir die Geschichte von Désirée erzählen und mich um Rat fragen, wie sie sich verhalten soll. Was würde ich ihr empfehlen? Was würde ich ihr wünschen, aber nicht sagen?
- Meine beste Kollegin würde mir die Geschichte von Ivan erzählen und mich um Rat fragen, wie er sich verhalten soll. Was würde ich ihm empfehlen? Was würde ich ihm wünschen, aber nicht sagen?
- Was denkt ihr zu der Aussage: «Sex und Treue gehören zusammen»? Gründe für ein Ja? Gründe für ein Nein?
- Denkt ihr, eure heutige Position kann sich in 5 bis 10 Jahren geändert haben? Gründe für Ja? Gründe für Nein?
- Im Plenum werden die geführten Diskussionen der gesamten Gruppe vorgestellt (nicht nochmals diskutier!)

Weiterführende Fragen zum Austausch
- Wir haben die Berichte aus der Jungengruppe und aus der Mädchengruppe gehört. Stellt ihr Unterschiede fest? Stellt ihr Gleiches fest? Was denkt ihr, empfinden Mädchen, Jungen, Frauen, Männer in Bezug auf das Thema Treue unterschiedlich? Weshalb Ja, weshalb Nein?
- Was denkt ihr, haben junge Menschen vor ca. 30 Jahren schon gleiche oder ähnliche Gedanken gehabt? Weshalb Ja, weshalb Nein?
- Was sagt ihr zu der Aussage: «Wenn ich in einer Beziehung bin, dann sind meine besten KollegInnen nicht mehr so wichtig».
- Was denkt ihr zu der Aussage: «Wenn ich in einer Beziehung bin, hat sie oder er das Recht mir zu sagen, wie oft ich mit meinen besten KollegInnen zusammen sein darf».
- Was denkt ihr zu der Aussage: «Ein Seitensprung macht eine Beziehung kaputt.»
- Was sagt ihr zu der Aussage: «Wenn jemand sexuell untreu ist, dann ist dies ok, solange die andere Person nichts davon erfährt».

9.1.15. Internetbekanntschaften – Wer ist wer?
Fedor Spirig & Lilo Gander

Titel
Internetbekanntschaften – Wer ist wer?

Lernziele
Mädchen und Jungen wissen, welche Regeln für sichere Internetbekanntschaften wichtig sind und können diese anwenden.
Sie wissen, dass es schwierig zu erkennen ist, wer sich hinter einem «nickname» verbirgt.

Schlüsselwörter
Internetbekanntschaften

Dauer
45 Minuten

Gruppenzusammensetzung

Material
Leere Zettel, Schreibzeug, zwei Schachteln

Vorbereitung
Die Gruppe wird in zwei gleich grosse Halb-Gruppen aufgeteilt, beide Gruppen sollen geschlechtergemischt sein. Bei einer ungeraden Anzahl Teilnehmender kann eine leitende Person mitmachen. Idealerweise stehen zwei Räume zur Verfügung.

Anlage/Setting
Die beiden Halb-Gruppen begeben sich jeweils in ein Zimmer.
Alle Teilnehmenden bekommen die Aufgabe, ein «Internetprofil» zu erstellen. Sie notieren auf einen leeren Zettel folgendes:
- Nickname
- Geschlecht
- Grösse
- Haarfarbe
- Augenfarbe

Bei den letzten vier Punkten müssen zwei der Wahrheit entsprechen, zwei frei erfunden sein. Die Zettel der Halb-Gruppen werden je in eine Schachtel gelegt und die Schachteln der anderen Halb-Gruppe übergeben. Jeder zieht nun einen Zettel aus der Schachtel der anderen Halb-Gruppe und nimmt so «Kontakt» auf zu einer unbekannten Person. Dieser Person sollen nun schriftlich vier persönliche Fragen gestellt werden, z.B. zu Hobbys, Musikgeschmack, Lieblingsessen, Familie, Berufswunsch. Diese Zettel mit den Fragen werden, mit dem entsprechenden Nickname versehen, wieder eingesammelt und der anderen Halb-Gruppe zurückgegeben. Alle Teilnehmenden suchen nun den Zettel mit ihrem Nickname heraus. Sie beantworten die vier Fragen, wobei wiederum zwei Antworten der Wahrheit entsprechen und zwei erfunden sind. Die Zettel wechseln ein letztes Mal die Gruppen, und die Antworten werden anhand des Nicknames herausgesucht und gelesen.
Die beiden Halb-Gruppen treffen sich im Plenum. Alle Beteiligten lesen nun der Reihe nach den Nickname und geben bekannt, welche Person sie hinter dem Namen vermuten. Erst wenn alle ihre Vermutung genannt haben, sollen sich die einzelnen Personen zu erkennen geben.

Weiterführende Fragen zum Austausch
Aufgrund der Erfahrung, dass man auch nach längerem Kontakt nicht mit Sicherheit weiss, wer sich hinter einem Profil verbirgt, können folgende Fragen besprochen und auf mögliche Gefahren hingewiesen werden:
- Welche persönlichen Informationen gibt man bekannt, welche nicht?
- Wie ist es mit der Weitergabe von Bildern?
- Worauf soll man achten, wenn man die Person hinter dem Profil real kennenlernen möchte?

Wissensgrundlage
Informationen zur Sicherheit im Internet für Jugendliche sowie für die leitenden Personen findet man unter:
http://www.safersurfing.ch/

Filme zu Datenschutz und Social Media sind online auf srf.ch/myschool (Lernziel Medienkompetenz)

9.2. Körper und Sex
Lukas Geiser & Marie-Lou Nussbaum

Einführung
Die folgenden Methodenbeispiele widmen sich den Themenfeldern: Das erste Mal, Pornografie, Orgasmus und Selbstbefriedigung. Dies sind Themen, die oftmals mit viel Scham behaftet sind. Darüber zu sprechen sind wir (noch) nicht gewohnt. Die Protagonisten und Protagonistinnen im Film geben Intimes von sich preis. Das sollte respektvoll behandelt werden. Ebenso notwendig ist es, auf einen respektvollen Umgang innerhalb der Gruppe bei der Bearbeitung dieser Themen zu achten. Es sollte auch besonders betont werden, dass es Teilnehmenden freisteht, sich zu äussern oder nicht. Vor der Bearbeitung dieser Themen macht es Sinn, dass sich die Teilnehmenden bereits mit dem Thema «Körper und Sex» vertraut gemacht haben. Eine sorgfältige Einführung ist auf jeden Fall ratsam. Zum Beispiel über gemeinsame Regelbildung im Umgang miteinander. Im Vorfeld kann auch der Themenfilm «Körper und Sex – Ich mit mir, Das erste Mal, Ich komme, Porno» gemeinsam angeschaut werden. Auch der Anfang des Porträtfilms «Farsad» ist aufschlussreich. So entsteht eine Situation des Vertrauens, aus der sich spannende und lehrreiche Gespräche entwickeln.

Filmthema
Sex, Bilder, Mythen, Pornografie

Unterthemen
Körper, sexuelle Praktiken, Selbstbefriedigung, Orgasmus, Bilder, Sexting, Pornografie, Sexmythen, Geschlechterrollen, Sex und Liebe

Kompetenzen
Jugendliche kennen Aspekte von sexueller Lust mit sich selbst und mit anderen. Sie kennen ihren Körper und Aspekte der psychosexuellen Entwicklung, sexuelle Reaktionen und Wahrnehmungen bei Mann und Frau. Sie wissen um den Unterschied zwischen medial dargestellter und real gelebter Sexualität.

Lernziele
- Jungen und Mädchen verfügen über adäquate Strategien, um mit den entwicklungsbedingten Unsicherheiten und Gefühlen umzugehen und beurteilen die individuellen, kulturellen und gesellschaftlichen und Vorstellungen bezüglich des Körperbildes von Mann und Frau.
- Jungen und Mädchen kennen verschiedene sexuelle Praktiken und Formen von Sexualität.
- Sie wissen um individuell verschiedene Vorstellungen von Sexualität, kennen Mythen und Stereotypen von Sexualität, setzen sexuelle Reaktionen von Mann und Frau in Beziehung zueinander und identifizieren Unterschiede.
- Jungen und Mädchen nehmen sexuelle und erotische Darstellungen weiblicher und männlicher Sexualität differenziert wahr, beurteilen sie in Bezug auf Realität und Fiktion und ordnen die gesellschaftliche Bedeutung und die individuelle Wirkung pornografischer und erotischer Bilder ein.
- Jungen und Mädchen sehen Selbstbefriedigung als selbstverständlichen Teil der Sexualität.
- Sie wissen um den männlichen und weiblichen Orgasmus, deren Funktionieren und Zusammenspiel.
- Sie kennen erogene Zonen bei Männern und Frauen und wissen, dass Berührungen unterschiedlich erlebt werden.

9.2.1. Sex ABC
Lukas Geiser & Marie-Lou Nussbaum

Titel
Sex ABC

Lernziele
Spielerischer und lustvoller Einstieg in die Sexualaufklärung. Heranführung an die Thematik «Körper und Sex».

Schlüsselwörter
Sexualität und Sprache

Dauer
15 Minuten

Gruppenzusammensetzung
oder möglich

Material
Keines

Vorbereitung
Keine

Anlage/Setting
Die Teilnehmenden stellen sich im Kreis auf. Der Reihe nach wird das ABC aufgesagt. Beispiel: Leitung sagt A, Teilnehmender 1 sagt B, Teilnehmender 2 sagt C, usw. (eine Kreisrunde lang).

In der zweiten Runde wird jeder Buchstabe mit einem Wort zum Thema Körper- und Sexualaufklärung ergänzt, etwa Bezeichnungen von Geschlechtsorganen, Wörter zu Liebe, zu sexuellen Praktiken, zur Verhütung, Beispiel: Leitung sagt «anmachen», Teilnehmender 1 sagt «bumsen», Teilnehmender 2 sagt «Cowpersche Drüse», usw.

In der dritten Runde hat jeder Teilnehmende nur noch max. 5 Sekunden Zeit zur Verfügung, um ein Wort zu finden – ansonsten setzt er sich. Gewonnen hat, wer am längsten im Kreis steht.

Spielregeln: Jedes Wort darf nur einmal genannt werden. Wichtig ist, dass es keine «verbotenen» Wörter gibt, das heisst, alle Nennungen, die im weitesten Sinn etwas mit dem Thema zu tun haben, sollten erlaubt sein. Die Buchstaben X und Y werden übersprungen.

Variante
Weitere schwierigere Buchstaben können übersprungen werden, etwa: J, Q, V, Z. Jedem Teilnehmenden kann auch ein Joker gegeben werden, so dass man sich erst beim zweiten «Blackout» setzen muss. Die Übung kann auch im Tandem gespielt werden.

Es besteht die Möglichkeit, im Anschluss an das Spiel die Thematik «Sprache und Sexualität» aufzunehmen. Es können Abmachungen getroffen werden, welche Wörter im weiteren Verlauf (nicht) benutzt werden sollen (z.B. Bezeichnungen für Geschlechtsorgane).

Materialien/Unterlagen
Beispiele
A = Anus, anmachen
B = bumsen, bisexuell
C = Cunnilingus, chatten
D = Dildo, Diaphragma
E = Erektion, Erdbeere
F = flirten, fummeln
G = G-Punkt, geil
H = Hoden, heiraten
I = intim, intrauterin
J = Jungfrau, Jungfernhäutchen
K = Kitzler, Kondom
L = Latte, lutschen
M = Menstruation, masturbieren
N = Nippel, Nutte
O = Orgasmus, oral
P = Porno, Paar
Q = queer, Quicky
R = rasieren, rammeln
S = stöhnen, Samen
T = Tanga, Telefonsex
U = Uterus, Unterhose
V = Venus, Vagina
W = weiblich, wichsen
Z = Zwitter, Zungenkuss

9.2.1. Wahr oder falsch!?
Lukas Geiser & Marie-Lou Nussbaum

Titel
Wahr oder falsch!?

Lernziele
Spielerischer und lustvoller Einstieg in die Sexualaufklärung. Auseinandersetzung mit unterschiedlichen Behauptungen rund um das Thema «Körper und Sex». Allfällige Wissenslücken wahrnehmen und gegebenenfalls klären.

Schlüsselwörter
Körper- und Sexualaufklärung

Dauer
15 Minuten

Gruppenzusammensetzung
oder möglich

Material
Behauptungen und korrekte Antworten

Vorbereitung
Frageauswahl je nach Zielgruppe treffen, Auseinandersetzung mit korrekter Antwort

Anlage/Setting
Es handelt sich um ein Quiz, wobei die Teilnehmenden als Gruppe gegen die Leitung antreten. Die Gruppe beurteilt unterschiedliche Behauptungen der Leitung als wahr oder falsch. Gestartet wird mit der ersten Behauptung. Die Teilnehmenden werden von der Leitung aufgefordert zu entscheiden, ob sie mit der Behauptung einverstanden sind oder nicht, diese also als wahr oder falsch beurteilen. Die Teilnehmenden haben die Möglichkeit, sich kurz untereinander auszutauschen. Alle Teilnehmenden, die finden, dass die Aussage richtig ist, heben die Hand. Die Mehrzahl der jeweiligen Stimmen ergibt die Meinung der Gruppe. Finden die meisten Teilnehmenden, dass die Aussage stimmt und diese auch tatsächlich wahr ist, gibt es einen Punkt für die Gruppe – andernfalls einen für die Leitung.
Je nach Zeitrahmen kann das Spiel beliebig viele Behauptungen umfassen. Tendenziell sollte mit eher einfachen Behauptungen gestartet werden und darauf geachtet werden, dass sich Aussagen zu Frauen- und Männerthemen ungefähr die Waage halten.

Variante
Die Lösungen können nach jeder Spielrunde besprochen und geklärt werden. Einen zusätzlichen Anreiz und spielerischen Charakter bekommt die Übung, wenn die Teilnehmenden bei jedem gewonnen Punkt mit einem kleinen Preis belohnt werden.

9.2.1. Wahr oder falsch!?
Lukas Geiser & Marie-Lou Nussbaum

Materialien/Unterlagen
Behauptungen (und Antworten)
- Bei Regenwürmern gibt es männliche und weibliche Tiere.
  (Falsch, es sind Zwitter)
- Fast alle Menschen entstehen durch Sex.
  (Wahr, einige aber auch durch künstliche Befruchtung)
- Während der Menstruation kann eine Frau nicht schwanger werden.
  (Falsch, fruchtbare Tage sind abhängig von der Zykluslänge)
- Wenn eine 16-Jährige «normale» Pornos schaut, ist das illegal.
  (Falsch, nur der Konsum von harter Pornografie ist verboten)
- Die Gebärmutter ist etwa so gross wie ein Fussball.
  (Falsch, diese ähnelt in Grösse und Form eher einer Birne)
- Ein Mann hat am Morgen nur dann einen steifen Penis, wenn er in der Nacht von Sex oder nackten Frauen/Männern geträumt hat.
  (Falsch, die «Morgenlatte» ist eine natürliche Körperreaktion, unabhängig von Träumen oder Phantasien)
- Wenn zwei 13-Jährige zusammen Sex haben, ist das eigentlich verboten.
  (Falsch, in der Schweiz gibt es kein gesetzliches Mindestalter)
- Sex ist nur gut, wenn beide einen Orgasmus haben.
  (Falsch, der Orgasmus ist längst nicht das Mass für guten Sex)
- Die Hosentasche ist der perfekte Ort, um ein Kondom aufzubewahren.
  (Falsch, durch die Reibung kann die Schutzfolie des Kondoms kaputt gehen)
- In der Schweiz gibt es jährlich rund 600 neue HIV-Diagnosen.
  (Wahr, 2011 waren es 564 diagnostizierte Neuinfektionen)
- Wenn man beim Geschlechtsverkehr immer ein Kondom benutzt, kann man sicher sein, dass man sich mit keiner Geschlechtskrankheit ansteckt.
  (Falsch, es besteht immer das Restrisiko einer Ansteckung mit einer sexuell übertragbaren Infektion, da sich gewisse Bakterien/Viren, nicht nur beim Geschlechtsverkehr übertragen)
- Jeder Penis verdoppelt seine Grösse, wenn er steif ist.
  (Falsch, so genannte Fleischpenisse werden im steifen Zustand nicht unbedingt viel grösser, als diese es im schlaffen Zustand bereits sind)
- Männer besitzen das männliche Hormon Testosteron, aber auch das weibliche Hormon Östrogen.
  (Wahr, auch Männer produzieren in den Hoden kleine Mengen an Östrogenen)
- Die Klitoris ist ca. 9 cm lang.
  (Wahr, der sichtbare Teil der Klitoris ist nur die kleine Klitoriseichel, der grösste Teil der Klitoris jedoch ist im Innern des Körpers)
- Ein Mann, der nur noch einen Hoden hat, kann keine Kinder mehr machen.
  (Falsch, ein einzelner Hoden produziert genügend Spermien)
- Die Menge an Spermien ist begrenzt. Hat ein Mann häufig Sex oder macht viel Selbstbefriedigung, hat er irgendwann keinen Vorrat mehr und wird unfruchtbar.
  (Falsch, Spermien werden bis ins hohe Alter laufend nachproduziert)
- Beim Oralsex kann eine Frau schwanger werden.
  (Falsch, es besteht aber das Risiko einer Ansteckung mit einer sexuell übertragbaren Infektion)
- Wenn eine Frau jahrelang die Pille genommen hat, ist es für sie schwieriger, schwanger zu werden.
  (Falsch, Langzeitstudien konnten diesen Zusammenhang widerlegen)
- In der Schweiz haben die meisten Jugendlichen ihr erstes Mal Sex mit 14 Jahren.
  (Falsch, etwa 50% der Jugendlichen erleben ihr erstes Mal zwischen 16 und 17 Jahren, viele auch erst später)
- Sex während der Schwangerschaft schadet dem Baby.
  (Falsch, es ist in der Gebärmutter gut geschützt)

9.2.2. Das erstes Mal – Wie war's?
Lukas Geiser & Marie-Lou Nussbaum

Titel
Das erstes Mal – Wie war's?

Lernziele
Die Teilnehmenden setzen sich mit Aussagen von Jugendlichen zum Thema Sexualität auseinander.

Sie wissen um individuell verschiedene Vorstellungen von Sexualität, kennen Mythen und Stereotypen von Sexualität, setzen sexuelle Reaktionen von Mann und Frau in Beziehung zueinander und identifizieren Unterschiede.

Schlüsselwörter
Erstes Mal, sexuelle Praktiken, Geschlechterrollen, Rollenbilder

Dauer
45 Minuten inkl. Filmbetrachtung und Auswertung

Gruppenzusammensetzung
🚺|🚹 oder 🚹🚹

Material
Aussagen, Symbolkarten ♀/♂

Vorbereitung
Kopieren der Statementkarten auf A4, Aufhängen der Symbolkarten ♀/♂

Anlage/Setting
Aussagen aus dem Themenfilm «Körper und Sex – Das erste Mal» werden in grosser Schrift auf Papierbögen kopiert und im Gruppenraum auf dem Boden ausgelegt. Die Teilnehmenden erhalten die Aufgabe, die Aussagen nach Geschlecht zu ordnen. Sie hängen dabei die Papierbögen zu den jeweiligen Geschlechtssymbolen auf.

Nach dem Betrachten der Filmsequenz können die Karten nochmals angeschaut und dem richtigen Geschlecht zugeordnet werden. (Lösungen siehe Blatt «Aussagen von Männern» / «Aussagen von Frauen»)

Variante
Falls die Gruppe Schwierigkeiten hat, zu einem Gruppenkonsens zu gelangen, können die Karten auch verteilt werden. Jeder Teilnehmer liest eine Aussage seiner Gruppe vor und teilt die Karte den Geschlechtern zu.

Weiterführende Fragen zum Austausch
- Was hat euch bewogen, die Aussagen so anzuordnen?
- Gibt es Aussagen, die klar von einer Frau/einem Mann stammen? Welche sind Klischees, welche nicht?
- Welche Themen beschäftigen Jugendliche aus eurer Sicht?
- Welche Gefühle haben die Protagonisten bezüglich dem ersten Mal?
- Was braucht es aus eurer Sicht, dass schöne Gefühle da sind? Für Männer und Frauen?
- Wann denkt ihr, ist der richtige Moment für das erste Mal?

9.2.2. Das erstes Mal – Wie war's?
Lukas Geiser & Marie-Lou Nussbaum

Materialien/Unterlagen
Statements für Karten
- Das erste Mal hat mir einfach höllisch weh getan.
- Ich bin zwar oben gewesen. Aber man weiss ja nicht, wie's funktioniert, wo es rein muss, was man dann macht.
- Wenn ich jemanden liebe und ihn auch schon länger kenne – man muss nicht lange warten, wenn's passt, dann passt's, oder?
- Ich glaube, für Jungs ist es doch einfacher.
- Ja, ich bin neugierig, zu wissen, wie es ist, sehr neugierig, aber ich möchte es jetzt noch nicht, weil ich nicht die Person habe, der ich alles geben möchte.
- Die richtige Liebe geht nicht mit den sexuellen Dingen zusammen. Das soll vielleicht später kommen.
- Dann hat sie mich schon schnell zu sich nach Hause mitgenommen, und da hat sie mich dann überrumpelt.
- Für mich ist der Körper wirklich heilig... Man muss ihn respektieren... Wenn ich mich selbst nicht respektiere, meinen Körper nicht respektiere, dann wird mich niemand respektieren.
- Das war erstmal irgendwie schockierend, zu sehen, dass es nicht so war, wie ich's mir gedacht hatte.
- Ich habe gedacht, man kann richtig lange, aber es ist schneller gewesen als wie nur was.
- Er war auch sehr zärtlich. Er hat gefragt: Darf ich dein T-Shirt ausziehen? Und dann hat er's mir ausgezogen und hat seins ausgezogen und hat gefragt, ob alles in Ordnung ist.
- Ich bin schon mehrfach gefragt worden, ob ich schon Sex hatte; ich finde es nicht das Wichtigste in der Beziehung. Für andere hat es so einen hohen Stellenwert, dass eine Beziehung nur mit Sex funktionieren kann.
- One-night-Stands, da ist zu wenig dazwischen, um Sex zu haben, da ist ja keine Beziehung, kein Körper, den man kennt, kennen gelernt hat.
- Ich warte wirklich ab und höre auf meine innere Stimme.

Auflösung Frauen:
- Das erstes Mal hat mir einfach höllisch weh getan. (Chiara)
- Ich bin zwar oben gewesen. Aber man weiss ja nicht, wie's funktioniert, wo es rein muss, was man dann macht. (Désirée)
- Wenn ich jemanden liebe und ihn auch schon länger kenne – man muss nicht lange warten, wenn's passt, dann passt's, oder? (Chiara)
- Ich glaube, für Jungs ist es doch einfacher. (Alba)
- Ja, ich bin neugierig, zu wissen, wie es ist, sehr neugierig, aber ich möchte es jetzt noch nicht, weil ich nicht die Person habe, der ich alles geben möchte. (Zahraa)
- Die richtige Liebe geht nicht mit den sexuellen Dingen zusammen. Das soll vielleicht später kommen. (Zahraa)
- Dann hat sie mich schon schnell zu sich nach Hause mitgenommen, und da hat sie mich dann überrumpelt. (Alexandra)
- Für mich ist der Körper wirklich heilig... Man muss ihn respektieren... Wenn ich mich selbst nicht respektiere, meinen Körper nicht respektiere, dann wird mich niemand respektieren. (Zahraa)

Auflösung Männer:
- Das war erstmal irgendwie schockierend, zu sehen, dass es nicht so war, wie ich's mir gedacht hatte. (Farsad)
- Ich habe gedacht, man kann richtig lange, aber es ist schneller gewesen als wie nur was. (Farsad)
- Er war auch sehr zärtlich. Er hat gefragt: Darf ich dein T-Shirt ausziehen? Und dann hat er's mir ausgezogen und hat seins ausgezogen und hat gefragt, ob alles in Ordnung ist? (Ivan)
- Ich bin schon mehrfach gefragt worden, ob ich schon Sex hatte; ich finde es nicht das Wichtigste in der Beziehung. Für andere hat es so einen hohen Stellenwert, dass eine Beziehung nur mit Sex funktionieren kann. (Sam)
- One-night-stands, da ist zu wenig dazwischen, um Sex zu haben, da ist ja keine Beziehung, kein Körper, den man kennt, kennen gelernt hat. (Sam)
- Ich warte wirklich ab und höre auf meine innere Stimme. (Ivan)

9.2.3. Erogen von Kopf bis Fuss
Lukas Geiser & Marie-Lou Nussbaum

Titel
Erogen von Kopf bis Fuss

Lernziele
Die Teilnehmenden kennen erogene Zonen von Frauen und Männern und verfügen über Sensibilität für individuelle körperliche Bedürfnisse.

Schlüsselwörter
Erogene Zone, weiblicher und männlicher Körper

Dauer
Mindestens 45 Minuten

Gruppengrösse
5-7 Teilnehmende pro Gruppe (zwei oder mehr Gruppen möglich)

Gruppenzusammensetzung
vorzugsweise

Material
Plakat/Flipchart, Definition, Gruppenauftrag mit Leitfragen, Beispiele von erogenen Zonen, Fazit

Vorbereitung
Material bereitstellen, Auseinandersetzung mit Thematik

Anlage/Setting
Die Teilnehmenden teilen sich in eine Frauen- und eine Männergruppe. Jede Gruppe erhält ein grosses Plakat. Darauf wird der Körperumriss einer Person gezeichnet. Am einfachsten legt sich dafür eine Person auf das Papier, so dass der Umriss nachgezeichnet werden kann. Die Männergruppe wird nun aufgefordert zu überlegen, welche erogene Zonen Männer besitzen und wo diese liegen.
Die erogenen Zonen werden im Körperumriss farblich gekennzeichnet und beschriftet. Die Frauengruppe erhält dieselbe Aufgabe bezüglich weiblicher erogenen Zonen. Es kann hilfreich sein, den Teilnehmenden zu Beginn eine Definition zu erogenen Zonen vorzulegen.
Zeit: mind. 10 Minuten.

Anschliessend im Plenum werden die Plakate nebeneinander gelegt. Die Gruppen diskutieren folgende Leitfragen bzw. eine Auswahl davon (entsprechender Gruppenauftrag formulieren): Wenn ihr die beiden Plakate vergleicht, was fällt euch auf? Wo sind Gemeinsamkeiten, wo Andersartigkeiten feststellbar? Was überrascht? Haben Männer und Frauen dieselben erogenen Zonen? Haben alle Menschen dieselben erogenen Zonen? Wie könnte man einem Partner/einer Partnerin zeigen, wo man Berührung besonders gerne hat und wo vielleicht weniger? Zeit: mind. 15 Minuten.

Die Überlegungen werden anschliessend im Plenum ausgetauscht. Die Leitung moderiert die Diskussion, bringt ergänzende Hinweise ein, fragt kritisch nach und formuliert gegebenenfalls ein abschliessendes Fazit. Zeit: mind. 20 Minuten.

9.2.3. Erogen von Kopf bis Fuss
Lukas Geiser & Marie-Lou Nussbaum

Materialien/Unterlagen
Definition erogene Zonen
Erogene Zonen sind Körperstellen, deren Berührung oder Reizung sexuelle Empfindungen und Erregung auslösen können. Erogene Zonen sind Körperstellen, die eine hohe Dichte an Nervenenden besitzen und sich klar benennen lassen (aus: Schülerduden, Sexualität (1997)).

Beispiele erogener Zonen von Männern und Frauen
- Haaransatz
- Augenpartie/Augenbrauen
- Ohren (Muschel und Läppchen)
- Nase
- Mund (Lippen, Mundwinkel, Zunge)
- Nacken- und Halsbereich
- Achselhöhlen und Innenseite der Arme
- Fingerbeeren und Handinnenflächen
- Brust und Brustwarzen (auch beim Mann)
- Bauchnabel
- Unterer Rücken/Lenden/Bereich des Kreuzbeines
- Penis (insbesondere Eichel und unterer Eichelrand, die innere Vorhaut und das Vorhautbändchen) und Hodensack
- Vulva (insbesondere Venushügel mit den inneren und äusseren Scheidenlippen, Bereich der Harnröhrenöffnung, Klitoris, Scheideneingang, Scheidenvorderwand, Muttermund)
- Gesäss
- Damm und Anus
- Oberschenkelinnenflächen
- Kniekehlen
- Füsse und Fusssohlen

Beispiel eines Fazits
Sowohl der weibliche als auch der männliche Körper ist vom Scheitel bis zu den Zehen voller Lustzonen. Die erogenen Zonen beschränken sich also längst nicht nur auf den Intimbereich. Grundsätzlich können Berührungen an jeder Körperstelle als sexuell erregend empfunden werden.
Männer und Frauen haben viele gemeinsame erogene Zonen, aber auch unterschiedliche.
Nicht jede dieser Zonen muss bei jedem Menschen aktiv sein oder starke Erregung hervorrufen. Erogene Zonen sind also individuell unterschiedlich empfindlich.

9.2.4. Körperfunktionen – Total normal?!
Lukas Geiser & Marie-Lou Nussbaum

Titel
Total normal?!

Lernziele
Die Teilnehmenden vertiefen und ergänzen ihr Wissen zum Thema «Abbau von Vorurteilen und Unsicherheiten in Bezug auf den Körper und die Funktion der Geschlechtsorgane».

Schlüsselwörter
Männliche und weibliche Geschlechtsorgane, Sexualität, Pornografie, Schwangerschaft

Dauer
Mindestens 75 Minuten

Gruppenzusammensetzung
vorzugsweise

Material
Fiktive Fragebeispiele, Gruppenauftrag mit Leitfragen, Internetzugang, Aufklärungsbücher/Broschüren für Teilnehmende

Vorbereitung
Fragebeispiele je nach Zielgruppe auswählen und auf Kärtchen drucken, Gruppenauftrag vorbereiten, Antwortmöglichkeiten recherchieren, fachliches Know-how aneignen, Aufklärungsbücher/Broschüren bereitstellen

Anlage/Setting
Die Teilnehmenden setzten sich in geschlechtergetrennten Kleingruppen mit 4-6 Personen zusammen. Jede Gruppe erhält mindestens eine fiktive Frage eines jungen Mannes/einer jungen Frau sowie den Gruppenauftrag mit Leitfragen. Die Teilnehmenden werden aufgefordert, die fiktive Frage möglichst korrekt zu beantworten (siehe Auftrag). Zeit: 45 Minuten.

Die Teilnehmenden präsentieren ihre Überlegungen anschliessend gruppenweise im Plenum. Die Leitung weist die Gruppen an und ergänzt/korrigiert die Ergebnisse nötigenfalls. Zeit: 30 Minuten.

Weiterführende Fragen zum Austausch
Der Auftrag kann beliebig mit anderen/weiteren Leitfragen ergänzt werden:
- Was denkt ihr, wie kommt der Mann/die Frau auf die Frage?
- Welche Ängste könnten hinter seiner/ihrer Frage stecken?
- Was wäre für ihn/sie vielleicht zusätzlich hilfreich/wichtig zu wissen?
- Wäre es denkbar, dass der Mann/die Frau vielleicht etwas gesehen oder gehört hat, was ihn/sie verunsichert hat?

Materialien/Unterlagen
Gruppenauftrag
Was würdet ihr der jungen Frau/dem jungen Mann auf die Frage antworten? Eure Antwort sollte möglichst korrekt sein, recherchiert dafür in Aufklärungsbüchern, Broschüren oder im Internet. Haltet eure Antwort schriftlich fest und gebt auch die Quelle eurer Recherche an.

Kärtchen mit Männer-Fragen
- Ist durchsichtiges Sperma normal?
- Mein Sperma spritzt gar nicht richtig, es tröpfelt eher. Was soll ich nur tun?
- Stimmt es, dass der Mann nur eine begrenzte Anzahl «Schüsse» hat?
- Sollte ich die Schamhaare rasieren?
- Mein Penis ist in steifem Zustand nur 10 cm lang – das ist doch voll peinlich, oder?
- Stimmt es, dass die Frau beim ersten Mal blutet?
- Etc.

Kärtchen mit Frauen-Fragen
- Tut Sex Frauen weh?
- Stimmt es, dass die Frau beim ersten Mal blutet?
- Stimmt es, dass man während der Periode nicht schwanger werden kann?
- Ich hatte mit meinem Freund Petting (in der Badewanne). Muss ich Angst vor einer Schwangerschaft haben?
- Sollte ich die Schamhaare rasieren?
- Meine inneren Scheidenlippen sind gross und schrumpelig – das ist doch voll peinlich, oder?
- Etc.

Hinweise
Auf shop.aids.ch und bzga.de/infomaterialien können Broschüren für Jugendliche und junge Erwachsenen bestellt werden. Empfehlenswerte und fundierte Aufklärungsseiten für Teilnehmende sind unter Kapitel 10 zu finden.

9.2.5. So ein Mann – so eine Frau!
Lukas Geiser & Marie-Lou Nussbaum

Titel
So ein Mann – so eine Frau!

Lernziele
Jungen und Mädchen sind in der Lage, Bilder von Männern und Frauen aus Werbung und den Medien kritisch zu hinterfragen. Sie können die individuellen, kulturellen und gesellschaftlichen und Vorstellungen bezüglich des Körperbildes von Mann und Frau beurteilen.

Schlüsselwörter
Mann, Frau, Werbung, Medien

Dauer
60-90 Minuten

Gruppenzusammensetzung
vorzugsweise

Material
Viele verschiedene Bilder von Männern und Frauen aus der Werbung, Gruppenaufträge, Flipchart/Poster

Vorbereitung
Bilder von Männern und Frauen aus Medien/Werbung sammeln, Gruppenauftrag gemäss Zielgruppe vorbereiten, Auseinandersetzung mit Thematik.

Anlage/Setting:
Die Teilnehmenden bilden geschlechtergemischte Kleingruppen mit 4-5 Personen. Sie erhalten je einen Stapel Bilder (10 oder mehr) verschiedener Männer und Frauen. Die Teilnehmenden sollen die Bilder in ihrer Gruppe gemäss Auftrag analysieren. Zeit: mind. 30 Minuten.

Anschliessend stellen die Teilnehmenden ihre Poster und Überlegungen gruppenweise im Plenum vor. Die Leitung begleitet die Teilnehmenden durch die Gruppenarbeit und leitet den Plenumsteil. Dabei regt sie kritisches Denken an und schützt persönliche Meinungen vor Abwertung. Zeit: mind. 30 Minuten.

Gruppenauftrag «So ein Mann!»
Schaut euch die verschiedenen Bilder an und klebt diese auf den Flipchart.
Diskutiert in der Gruppe folgende Fragen und macht euch dazu Notizen. Das Poster könnt ihr frei gestalten.

Mögliche Leitfragen:
- Was kommt euch bei der Betrachtung der Bilder spontan in den Sinn? Was fällt euch auf? Schreibt alles dazu auf.
- Welche Eigenschaften passen zu den Männern? (Aussehen, Charakter, Beziehung und Sexualität, etc.)
- Welche Männertypen werden in der Werbung vor allem abgebildet?
- Denkt an die Männer, die ihr kennt (Familie, Verwandtschaft, Schule, Verein): Findet ihr sie in den abgebildeten Bildern wieder?
- Welche Eigenschaften fehlen in den Bildern? Was macht Mannsein sonst noch aus? (Aussehen, Charakter, Beziehung und Sexualität, etc.)
- Welche fünf Eigenschaften sind eurer Meinung nach sehr wichtig für einen «Traummann», welche fünf Eigenschaften weniger wichtig? Seid ihr euch als Gruppe einig?

Gruppenauftrag «So eine Frau!»
Schaut euch die verschiedenen Bilder an und klebt diese auf den Flipchart. Diskutiert in der Gruppe folgende Fragen und macht euch dazu Notizen. Das Poster könnt ihr frei gestalten.

Mögliche Leitfragen:
- Was kommt euch bei der Betrachtung der Bilder spontan in den Sinn? Was fällt euch auf? Schreibt alles dazu auf.
- Welche Eigenschaften passen zu den Frauen? (Aussehen, Charakter, Beziehung und Sexualität, etc.)
- Welche Frauentypen werden in der Werbung vor allem abgebildet?
- Denkt an die Frauen, die ihr kennt (Familie, Verwandtschaft, Schule, Verein): Findet ihr sie in den abgebildeten Bildern wieder?
- Welche Eigenschaften fehlen in den Bildern? Was macht Frausein sonst noch aus? (Aussehen, Charakter, Beziehung und Sexualität, etc.)
- Welche fünf Eigenschaften sind eurer Meinung nach sehr wichtig für eine «Traumfrau», welche fünf Eigenschaften weniger wichtig? Seid ihr euch als Gruppe einig?

9.2.6. Wie geil ist das denn!?
Lukas Geiser & Marie-Lou Nussbaum

Titel
Wie geil ist das denn!?

Lernziele
Die Teilnehmenden sind in der Lage, Regeln hinsichtlich der öffentlichen Verbreitung privater Bilder zu benennen. Sie setzen sich mit Wirkungsweisen auseinander und reflektieren Konsequenzen, die für betroffene Personen entstehen können.
Sie nehmen sexuelle und erotische Darstellungen weiblicher und männlicher Sexualität differenziert wahr und beurteilen sie hinsichtlich Realität und Fiktion.

Schlüsselwörter
Sexting, Selbstdarstellung

Dauer
30-90 Minuten

Gruppenzusammensetzung
oder möglich

Material
Auswahl an Bildern von mehr und weniger freizügig gekleideten Mädchen/Frauen und Jungen/Männern, Gruppenauftrag

Vorbereitung
Know-how zum Thema Sexting aneignen (Fakten, eigene Haltung prüfen, rechtliche Grundlage), Bildersuche, Leitfragen und Gruppenauftrag vorbereiten, je nach Bedarf Paulas/Pauls Geschichte anpassen.

Anlage/Setting
A: Die Teilnehmenden sehen sich in Kleingruppen (4-6 Personen) eine Auswahl an Bildern von Mädchen und Jungen an und teilen diese anschliessend in zwei Kategorien ein: «privat – streng geheim» und «öffentlich» – auch im Internet okay». Im Plenum, mit der Leitung, wird über die Einteilung diskutiert. Zeit: Gruppenarbeit 10 Minuten, Plenum 20 Minuten.

B: Es wird ein Bild eines Mädchen (Paula) und eines Jungen (Paul) aus der Kategorie «privat – streng geheim» ausgewählt. In Kleingruppen und/oder im Plenum soll über die Frage diskutiert werden, was folgende Personen wohl zu dem Bild (z.B. auf Facebook) sagen würden: Zukünftiger Chef, Eltern, fester Freund/feste Freundin der abgebildeten Person, Kollegin/Kollege aus der Klasse, mit der die Abgebildete seit Wochen Stress hat, Lehrperson, etc. Die Überlegungen können z.B. in Sprechblasen, um das Bild angeordnet, geschrieben werden. Zeit: rund 30 Minuten.

C: Die Teilnehmenden bekommen die Geschichten von Paul und Paula. Anhand von Leitfragen werden diese in Kleingruppen vertieft diskutiert und die Überlegungen anschliessend im Plenum zusammengetragen. Zeit: 30-45 Minuten.

Die Leitung begleitet die Teilnehmenden durch die Gruppenarbeit(en) und leitet den Plenumsteil. Dabei regt sie kritisches Denken an und bringt gegebenenfalls weitere Überlegungen ein.

Variante
Es können alle Methodenschritte (A-C) oder einzelne Schritte unabhängig voneinander durchgeführt werden.

9.2.6. Wie geil ist das denn!?
Lukas Geiser & Marie-Lou Nussbaum

Materialien/Unterlagen
Eine Auswahl an Bildern von mehr und weniger freizügig gekleideten Mädchen und Jungen

Sprechblasen:

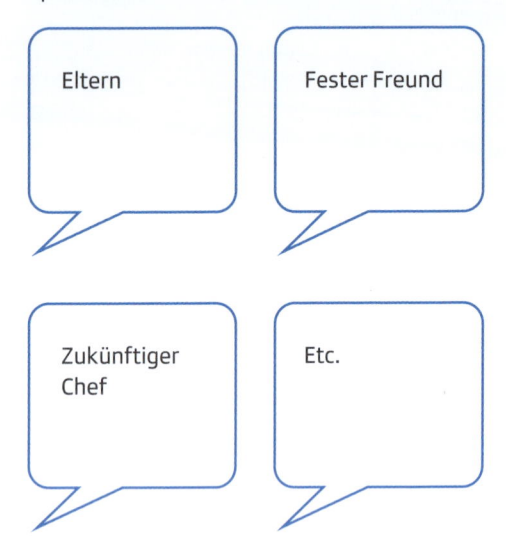

- Eltern
- Fester Freund
- Zukünftiger Chef
- Etc.

Paulas Geschichte
Paula und Tom sind sehr verliebt. Sie kennen sich schon länger und haben Vertrauen zueinander aufgebaut. Als Zeichen ihrer Liebe schickt Paula Tom zu seinem Geburtstag einen erotischen Geburtstagsgruss. Sie hängt auch ein Foto aus ihren letzten Ferien an, das Paula nackt am Strand zeigt. Leider hält die Liebe nicht, und Paula macht nach 6 Monaten Beziehung Schluss mit Tom. Tom ist darüber traurig und verletzt, aber auch wütend. In einem Moment der Wut auf seine Ex schickt er das Bild kurzerhand seinen Freunden weiter. Bald kennt die ganze Schule das Nacktfoto von Paula…

Pauls Geschichte
Paul und Astrid sind sehr verliebt. Sie kennen sich schon länger und haben viel Vertrauen zueinander aufgebaut. Als Zeichen ihrer Liebe schickt Paul Astrid zu ihrem Geburtstag einen erotischen Geburtstagsgruss. Diesem hängt er auch ein Foto an, das ihn nackt am Strand zeigt. Leider hält die Liebe nicht, und Paul macht nach 6 Monaten Beziehung Schluss mit Astrid. Astrid ist darüber traurig und verletzt, aber auch wütend. In einem Moment der Wut auf ihren Ex schickt sie das Bild kurzerhand an ihre Freundinnen weiter. Bald kennt die ganze Schule das Nacktfoto von Paul…

Beispiele für Leitfragen
- Wie geht es Paul/Paula wohl nach diesem Vorfall?
- Was könnte er/sie jetzt tun?
- Hat Paula/Paul mit dem erotischen Geburtstagsgruss leichtsinnig gehandelt?
- Hätte der Vorfall verhindert werden können? Wenn ja, wie?
- Hat sich Tom/Astrid mit dem Versenden strafbar gemacht? Was sagt das Gesetz?
- Wer trägt (Mit-)Verantwortung in dieser Situation?
- Was sollte jetzt getan werden? (von Tom/Astrid, Freunden, Mitschülerinnen, Eltern, Schule)
- Wie könnte die Situation eventuell verbessert oder wieder gut gemacht werden?

Hintergrundinformationen: Sexting
Das Wort setzt sich aus Sex und Texting zusammen (engl.: Kurzmitteilung verschicken). Unter Sexting versteht man den privaten Austausch selbst produzierter erotischer Fotos per Smartphone oder Internet. Sexting findet in erster Linie im Rahmen bestehender Paarbeziehungen statt. Problematisch dabei ist: Bilder oder Filme, die einmal online oder per Smartphone versendet sind, können in unbefugte Hände gelangen – sei es durch Leichtsinn, Angeberei, aus Rache oder in Mobbingabsicht. Es kommt immer wieder vor, dass ein erotischer Geburtstagsgruss für den Liebsten schliesslich auf den Smartphones sämtlicher Mitschüler landet. Man kann sich vorstellen, dass damit Beschämung und Reputationsverlust für die betroffene Person und ggf. auch für Angehörige verbunden sind. Wenn freizügige Fotos zirkulieren, geht dies im sozialen Umfeld der betroffenen Person häufig mit Spott, Lästereien, Beschimpfungen, Klatsch und Tratsch einher und kann zu regelrechtem Mobbing ausarten.

Was Kinder und Teilnehmende vielfach nicht wissen, aber wissen sollten: Mit der Veröffentlichung bzw. Verbreitung eines Bildes einer anderen Person verletzen sie deren Recht am eigenen Bild, sowie deren Privatsphäre. Sie können sich dadurch strafbar machen. Gegebenenfalls können sie auch hinsichtlich der Produktion, Verbreitung und dem Besitz von (Kinder-)Pornografie belangt werden.

9.2.7. Porno-Begriffssalat
Lukas Geiser & Marie-Lou Nussbaum

Titel
Porno-Begriffssalat

Lernziele
Die Teilnehmenden kennen die gesetzlichen Rahmenbedingungen zu Pornografie und harter Pornografie und können Begriffe aufgrund gesetzlicher Bestimmungen richtig zuordnen. Sie sind in der Lage, weniger bekannte und unklare Begriffe zur Pornografie zu benennen und diese korrekt zu erklären.

Schlüsselwörter
Pornografie, Recht, sexuelle Praktiken

Dauer
30 Minuten

Gruppenzusammensetzung
ideal
möglich

Material
Seile, Tücher, Klebeband o.ä. um Kreise zu markieren, (laminierte) Kärtchen mit Begriffen

Vorbereitung
Den Themenfilm «Körper und Sex – Porno!?» anschauen.
Begriffe von Darstellungsformen auf Karten schreiben, gesetzliche Grundlage und unbekannte Begriffe nachlesen.

Anlage/Setting
Die Gruppe sitzt im Kreis. In der Mitte sind drei Kreise ausgelegt/gezeichnet. Einer ist mit Erotik, der zweite mit Pornografie und der dritte mit harter Pornografie beschriftet. Jede/r Teilnehmende erhält ein/zwei Karten mit einem Begriff. Die Begriffe werden der Reihe nach in einem der Kreise platziert und die jeweilige Entscheidung wird begründet. Unbekannte oder fremde Begriffe werden geklärt. Die Platzierung wird diskutiert. Es ist auch möglich, dass Begriffe nicht absolut klar zugeordnet werden können. Dabei kann die Leitungsperson verschiedene Fragen stellen, z.B.:

- Gibt es Karten, die nicht eindeutig zuzuordnen sind? Wenn ja, weshalb?
- Gibt es Karten, die am falschen Ort liegen?
- Was ist der Unterschied zwischen den drei Begriffen?
- Wer kennt die gesetzlichen Rahmenbedingungen?
- Was macht Pornografie interessant?
- Was ist unangenehm oder abstossend, und weshalb?
- Was ist in Ordnung, was nicht?

Variante
Die Teilnehmenden legen die Karten ohne Kommentar in die Kreise. Danach werden die Zuordnungen diskutiert.
Je zwei Teilnehmende erhalten ein paar Karten, diskutieren diese und legen sie in die Kreise (kommentiert oder unkommentiert).

Materialien/Unterlagen
Begriffe auf Karten
Mit den Begriffen ist die Darstellung/Abbildung gemeint – nicht die Praktiken!
- Sodomie
- Petting
- Nacktfotos von Jugendlichen
- Michelangelos David
- Erigierter (steifer) Penis
- Geöffnete Vagina
- Pornoheftli
- Masturbation
- Sex mit Kindern
- Darstellung der Geschlechtsteile
- Aktgemälde
- Sex-Handywerbung im TV
- Playboy
- Sexspielzeug
- Unterwäschekatalog
- Küssen
- Kunst
- Gewaltpornografie
- Pädophilie
- Sex mit Tieren
- SM (SadoMaso)
- Sex mit Fäkalien

9.2.7. Porno-Begriffssalat
Lukas Geiser & Marie-Lou Nussbaum

Rechtliche Grundlage:
Seit der Revision des Sexualstrafrechts von 1991 ist die Verbreitung von «unzüchtigen Veröffentlichungen» erlaubt, wobei diesem Grundsatz Grenzen gesetzt werden. Der Gesetzgeber unterscheidet zwischen «weicher» und «harter» Pornografie.

	Keine Pornografie	Weiche Pornografie (Pornografie)	Harte Pornografie
Inhalt der Darstellung	Künstlerisch-erotische Darstellungen ohne expliziten sexuellen Charakter, z.B. Nacktbilder, auf denen keine Geschlechtsteile zu sehen sind und die Dargestellten keine aufreizenden Posen einnehmen. Der Übergang ist fliessend. Grundsätzlich liegt keine Pornografie vor, wenn die Darstellung einen schutzwürdigen künstlerischen oder wissenschaftlichen Wert hat.	Darstellungen mit sexuellem Charakter, welche die Grenze zur «harten» Pornografie (siehe rechts) nicht überschreiten. Dieser Bereich deckt die «gängigen» Sexualpraktiken, z.B. die Darstellung von Masturbation, Oral-, Vaginal-, oder Analverkehr, ab. Auch «hart» anmutende Darstellungsformen (z.B. extreme Nahaufnahmen) gehören zur «weichen Pornografie», sofern die sexuellen Handlungen keine Kinder, Tiere, Gewalt oder Ausscheidungen abbilden.	Darstellungen sexueller Handlungen mit oder zwischen Kindern, mit Tieren, mit Gewalttätigkeiten oder mit «menschlichen Ausscheidungen» (Urin und Kot, nicht aber Sperma), ebenso Darstellungen von nackten Kindern in einer sexuell aufreizenden Stellung oder Situation. Nicht pornografisch sind Schnappschüsse nackter Kinder, auf die bei der Herstellung der Bilder in keiner Weise eingewirkt wurde. Sinngemäss gelten die gleichen Kriterien für Textdarstellungen.
Legalität	In diesem Bereich ist alles erlaubt (Herstellung, Konsum, Besitz, Verbreitung, öffentliche Darstellung).	Für über 16-Jährige ist weiche Pornografie grundsätzlich legal, sofern die Modelle mindestens 16 Jahre alt sind.	Alle Formen «harter Pornografie» sind illegal.
		Unter 16-Jährigen darf weiche Pornografie nicht zugänglich gemacht werden (auch nicht, wenn diese sie sehen wollen).	Ausnahme für über 16-Jährige: • Nicht vorsätzlicher Konsum • Pornografie mit menschlichen Ausscheidungen darf man besitzen.

Quelle: www.dachverbandsucht.ch

Schweizerisches Strafgesetzbuch Art. 197:
http://www.adMinutench/ch/d/sr/311_0/a197.html

9.2.8. Real-World vs. Porno-World
Lukas Geiser & Marie-Lou Nussbaum

Titel
Real-World vs. Porno-World

Lernziele
Die Teilnehmenden sind in der Lage, Unterschiede in der Darstellung von Sexualität in Pornografie und real gelebter Sexualität zu benennen.
Sie erkennen, dass Informationen aus Medien nicht immer der Realität entsprechen.

Schlüsselwörter
Pornografie, sexuelle Praktiken, Vorstellungen

Dauer
30 Minuten

Gruppenzusammensetzung
ideal für Gruppenarbeit
möglich

Material
Plakate, Stifte

Vorbereitung
Betrachtung des Themenfilms «Körper und Sex – Porno!?» im Vorfeld. Plakat/Flipchart-Blatt mit zwei Feldern:
1. Feld: Sexualität in Realität
2. Feld: Sexualität im Porno

Anlage/Setting
Die Teilnehmenden erhalten ein vorbereitetes Plakat und beantworten folgende Fragen:
- Wie unterscheidet sich die reale Sexualität von der im Porno dargestellten Sexualität?
- Wie ging es den Darstellern in den Themenfilmen oder Porträts?
Schreibt eure Gedanken in die jeweiligen Felder.

Beispiele:
Reale Sexualität: «Man macht sich über Verhütung Gedanken.» «Viele verbinden Liebe mit Sex.»
Porno-Sexualität: «Verhütung ist kein Thema.» «Liebe ist im Porno kein Thema.»

Danach werden die Plakate im Plenum diskutiert.

Weiterführende Fragen zum Austausch
- Gaukeln Pornos etwas vor? Wenn ja, was?
- Weshalb werden Pornos überhaupt geschaut?
- Können Pornos reale Beziehungen kaputt machen? Wenn ja, weshalb?

9.2.9. Was ist wahr?
Lukas Geiser & Marie-Lou Nussbaum

Titel:
Was ist wahr?

Lernziele
Die Teilnehmenden setzen sich mit dem Wahrheitsgehalt von Pornografie auseinander und überdenken Mythen im Zusammenhang mit Sexualität.
Jungen und Mädchen nehmen sexuelle und erotische Darstellungen weiblicher und männlicher Sexualität differenziert wahr, beurteilen sie in Bezug auf Realität und Fiktion und ordnen die gesellschaftliche Bedeutung und die individuelle Wirkung pornografischer und erotischer Bilder ein. Sie erkennen, dass Informationen aus Medien nicht immer der Realität entsprechen.

Schlüsselwörter
Pornografie, Recht, sexuelle Praktiken

Dauer
30 Minuten

Gruppenzusammensetzung
ideal
möglich

Material
(Laminierte) Kärtchen mit Aussagen

Vorbereitung
Aussagen auf Karten schreiben, Hinweise zu einzelnen Themen wie z.B. Chatregeln bereithalten.

Anlage/Setting
Die Teilnehmenden sitzen um einen Tisch. Darauf werden die Karten mit Aussagen verdeckt aufgelegt. Ein Gruppenmitglied zieht eine Karte und liest sie laut vor. Danach entscheidet er/sie, ob das stimmt oder nicht. Danach zieht ein weiteres Gruppenmitglied eine Karte.
Bei den Behauptungen sind nicht nur Aussagen zum Thema Sexualität zu verwenden, sondern auch allgemeine Aussagen. Dies trägt dazu bei, dass Teilnehmende die Verbindung zwischen Wahrheitsgehalt bei Sexualität und bei allgemeinen Themen herstellen können. Das lockert die Übung auf.

Folgende Fragen können zur Reflexion anregen:
- Woher weißt du das?
- Wie verlässlich ist deine Informationsquelle?
- Welchen Medien ist zu trauen? (Zeitungen/Websites)
- Weshalb wird in Bildern, Texten oder Videos Unwahres bzw. Unwahrscheinliches vermittelt?
- Wie kann ich mit Informationen aus dem Internet umgehen?
- Wie entscheide ich, was ich glaube?

Materialien/Unterlagen
Aussagen auf Karten
- Männer haben immer Lust auf Sex!
- Pornos zu drehen finden die Darsteller immer erotisch!
- Der Vierwaldstättersee ist so sauber, dass man darin baden kann!
- 1+1 = 3!
- Ein Kondom schützt vor HIV!
- Wenn Frauen stöhnen, haben sie immer Lust!
- Das Grossmünster steht in Zürich!
- Im Chat sind immer alle so alt, wie sie angeben!
- Fussball spielen nur Männer!
- Frauen rasieren sich intim gerne und finden es scharf!
- Was in der Zeitung steht, ist wahr!
- Alle Jugendlichen haben mit 15 Jahren schon mal Sex gehabt!
- In diesem Raum steht ein Auto!
- Frauen halten beim Sex gerne hin!
- Pornos werden gedreht, um viel Geld zu machen!
- Justin Bieber hat in Zürich schon einmal ein Konzert gegeben!
- Ötzi wurde durch einen Pfeil getötet!

Weitere Aussagen können angefügt, vorhandene weggelassen werden.

9.2.10. Netiquette / Handyquette / Chatiquette / Pornoquette
Lukas Geiser & Marie-Lou Nussbaum

Titel
Netiquette, Handyquette, Chatiquette, Pornoquette

Lernziele
Die Teilnehmenden sind in der Lage die Begriffe Netiquette, Handyquette, Chatiquette, Pornoquette zu erklären, sie achten auf die unterschiedlichen Funktionen und Ziele der Regelungen im Zusammenhang mit Internet, Chatten, Handy und Pornografie.

Schlüsselwörter
Pornografie, Chatten, Internet

Dauer
30 Minuten

Gruppenzusammensetzung
ideal
möglich

Material
Flipchart-Blätter, Stifte

Vorbereitung
Die leitende Person sollte sich zunächst selbst zum Thema kundig machen.

Anlage/Setting
Die Übung wird in 4 Phasen umgesetzt:

1. Phase
Allgemeingültige Gebote und Verbote 'untersuchen': In der Gruppe werden Verbote und Gebote formuliert, denen man sich gerne fügt, weil man selbst auch davon profitiert. Dabei sollen die Schülerinnen und Schüler auch auf die unterschiedlichen Funktionen und Ziele der Regelungen achten. (Regeln im Strassenverkehr, Hausordnung, Strafgesetz, Schulhausregeln...)

2. Phase
Input: Erläutern, was mit Netiquette, Handyquette, Chatiquette, Pornoquette gemeint ist.

3. Phase
Gruppenarbeit: Die Teilnehmenden erarbeiten/entwickeln in Gruppen Netiquetten (Verhalten im Internet), Chatiquetten (Verhalten im Chat) Handyquetten (Verhalten mit dem Handy), Pornoquetten (Verhalten mit Konsum von Pornografie) und schreiben diese auf ein Flipchart. Diese werden in der ganzen Gruppe besprochen. Die Schülerinnen und Schüler werden aufgefordert, sich an die Netiquette zu halten und gemeinsam entsprechende Abmachungen zusammenzustellen.

4. Phase
Emoticons: In der Klasse verschiedene Emoticons erfinden, ihre Bedeutung erraten oder Smileys als 'Stimmungsmesser' einsetzen (Liste einer Auswahl von Emoticons für Download)

Weiterführende Fragen zum Austausch
- Weshalb braucht es Verhaltensregeln bezüglich neuer Medien?
- Was hat Sexualität mit dieser Thematik zu tun?
- Warum ist es schwirig, sich an Regeln zu halten?
- Gibt es auch Dinge, die nicht geregelt werden müssen?
- Habt ihr schon selber Erfahrungen gemacht, dass sich Internet oder Handynutzer nicht an Regeln gehalten haben?

9.2.10. Netiquette / Handyquette / Chatiquette / Pornoquette
Lukas Geiser & Marie-Lou Nussbaum

Materialien/Unterlagen
Definitionen

- Was ist eine Netiquette? Gibt es dafür eine gesetzliche Verbindlichkeit?
Die Netiquette ist eine Verhaltensregelung («net» = Netz, «etiquette» = Etikette). Sie enthält Abmachungen, welche einen Austausch auch unter Personen ermöglicht, die sich nicht kennen und aus unterschiedlichen Kulturen oder Gruppen kommen können. Einen solchen Verhaltenskodex gibt es in Foren, Newsgroups, Chats, Online-Spielräumen und auch in der Email-Kommunikation. Werden Beleidigungen oder bewusst falsche Angaben über Personen verbreitet, kann dies zu einem strafrechtlichen Tatbestand führen. Insofern sind die Regeln rechtlich abgestützt. Die Mehrheit der Angaben richtet sich aber nach einem einfachen und effektiven Umgang mit Informationen und Personen.

- Was sind Emoticons? Wie sollen sie eingesetzt werden?
«Emoticon» setzt sich aus «emotion» (= Gefühl) und «icon» (= Symbol) zusammen. Damit lassen sich Gefühlsregungen in der schriftlichen Kommunikation vereinfacht darstellen. Die «Bilder» können mit der Tastatur erstellt werden. Meist wird die Gefühlslage in Form eines Gesichtes (Smiley) dargestellt, welches man erkennen kann, wenn der Text um 90 Grad nach rechts gekippt wird.

- Wo gibt es schon vorgegebene Netiquetten, und wie erfahre ich deren Inhalte?
In Diskussionsforen, Newsgroups, Chats oder auch in Gästebüchern von Homepages ist eine Netiquette oft bereits vorhanden. Es empfiehlt sich, vor Beginn der Teilnahme in solchen Räumen, die FAQs (frequently asked questions = häufig gestellte Fragen) genau zu lesen. Hier werden die wichtigsten Verhaltensregeln erwähnt, und die Neueinsteigenden müssen keine Fragen stellen, die schon beantwortet worden sind. Sie wissen dann bereits, welche Regeln gelten. Wer gegen diese verstösst, wird oft rasch und unsanft aus der weiteren Diskussion ausgeschlossen.

Quelle: http://edu-ict.zh.ch/dossier/cafe-affen schwanz

Weitere Hintergrundinformationen sind unter http://edu-ict.zh.ch/dossier/cafe-affenschwanz zu finden.

9.2.11. Porno und Rollenbilder
Lukas Geiser & Marie-Lou Nussbaum

Titel
Porno und Rollenbilder

Lernziele
Jungen und Mädchen wissen um individuell verschiedene Vorstellungen von Sexualität, kennen Mythen und Stereotypen von Sexualität. Sie setzen sexuelle Reaktionen von Mann und Frau in Beziehung zueinander und identifizieren Unterschiede.

Schlüsselwörter
Männliche Sexualität, weibliche Sexualität, Rollenbilder

Dauer
90 Minuten

Gruppenzusammensetzung
ideal

Material
Papier, Stifte, Tafel oder Flipchart

Vorbereitung
Eigene Meinungsbildung und Reflexion zum Thema, ggf. Aneignung von Faktenwissen, Gruppenauftrag vorbereiten.

Anlage/Setting
Die Teilnehmenden werden in vier Gruppen eingeteilt (drei bis sechs Teilnehmende pro Gruppe). In der Kleingruppe befassen sie sich mit den Aussagen «Männer können immer» und «Frauen wollen verführt werden» und diskutieren entsprechende Pro- und Contra-Argumente.

Gruppe 1 befasst sich mit der Aussage «Männer können immer» und bereitet Argumente vor, die für diese Aussage sprechen. Leitfragen: a) Habt ihr diese Aussage auch schon gehört? Wo begegnet man dieser Aussage?
b) Überlegt euch, was alles für diese Aussage sprechen könnte (Pro-Argumente). Notiert alles, was euch dazu in den Sinn kommt.

Gruppe 2 bereitet die Gegenposition vor. Leitfragen: a) Habt ihr diese Aussage auch schon gehört? Wo begegnet man dieser Aussage?
b) Überlegt euch, was alles gegen diese Aussage sprechen könnte (Contra-Argumente). Notiert alles, was euch dazu in den Sinn kommt.

Gruppe 3 befasst sich mit der Aussage «Frauen wollen verführt werden» und bereitet Argumente vor, die für diese Aussage sprechen (Leitfragen wie Gruppe 1).

Gruppe 4 bereitet die Gegenposition vor (Leitfragen wie Gruppe 3).

Die Gruppen haben 20 Minuten Zeit, um ihre Position vorzubereiten und Argumente zu sammeln. Die Leitung unterstützt die einzelnen Gruppen nötigenfalls, so dass alle Gruppen schliesslich mindestens drei bis fünf Argumente beisammen haben. Jede Gruppe wählt zwei Sprecher/innen.
Nach der Gruppenarbeit setzen sich die SprecherInnen der einzelnen Gruppen an einen Tisch, die übrigen Gruppenmitglieder setzen sich hinter sie. Die Leitung moderiert die Diskussion und sammelt die unterschiedlichen Überlegungen und Argumente an der Tafel oder am Flipchart.
In einem ersten Schritt tauschen sich die Gruppen zu den Leitfragen a) aus. Anschliessend stellen die Gruppen ihre Standpunkte der Reihe nach vor. Nachdem alle ihre Argumente abgegeben haben, diskutieren die Teilnehmenden untereinander. Die Leitung unterstützt die Teilnehmenden in ihren Argumenten und führt gegebenenfalls weitere Überlegungen in die Diskussion ein. Die Diskussion kann durch gezieltes Nachfragen der Leitung zudem noch vertieft werden.
Die Leitung fasst abschliessend die Ergebnisse zusammen und hält die wichtigsten Erkenntnisse in Form eines Fazits schriftlich fest (allein oder zusammen mit den Teilnehmenden).

Variante
Die Übung kann mit beliebig anderen Aussagen durchgeführt werden. Beispiel: Männer haben immer Lust, Frauen ist Sex nicht so wichtig, Männer wollen immer gleich Sex, Frauen kuscheln lieber, als dass sie Sex haben wollen.

9.2.12. Ein Herz für's erste Mal
Lukas Geiser & Marie-Lou Nussbaum

Titel
Ein Herz für's erste Mal

Lernziele
Die Teilnehmenden wissen um individuell verschiedene Vorstellungen vom ersten Mal, kennen Mythen und Stereotypen von Sexualität, setzen sexuelle Reaktionen von Mann und Frau in Beziehung zueinander und identifizieren Unterschiede.

Schlüsselwörter
Erstes Mal, sexuelle Praktiken, Geschlechterrollen, Rollenbilder

Dauer
45 Minuten

Gruppenzusammensetzung
zuerst

danach

Material
Wandtafel, A6-Karten, Filzstifte, Kleber/Magnete

Vorbereitung
Zeichnen eines Doppelherzens (siehe Abbildung).

Anlage/Setting
In geschlechtergetrennten Gruppen werden Kriterien gesammelt und auf die Karten geschrieben. Frage für die Kriterien: Was ist aus meiner/unserer Sicht (Männer/Frauen) wichtig für das erste Mal? Die beiden getrennten Gruppen kommen ins Plenum. Nun werden die Karten in ein Doppelherz gehängt. Die Kriterien, die beide Geschlechter genannt haben, kommen in die Mitte, diejenigen, die jeweils nur ein Geschlecht genannt haben, jeweils in eine der beiden Herzhälften.

Variante
Alle Teilnehmenden zeichnen auf ein A3-Blatt ein grosses Doppelherz (siehe Abbildung). In die Mitte schreiben sie Aspekte/Bedingungen auf, die für das erste Mal wichtig sind. (z.B. Treue, guter Ort). In die linke Hälfte kommen Aspekte/Themen, die sie unabhängig von der Beziehung für sich selbst wollen. In die rechten Hälfte kommen Aspekte/Themen, die für den Partner, die Partnerin wichtig sein könnten. Danach ein Austausch in den Diskussionsgruppen: evt. zuerst in geschlechtergetrennten, danach in gemischten Gruppen austauschen.

Weiterführende Fragen zum Austausch
- Wann denkt ihr, ist der richtige Moment für das erste Mal?
- Welche Unterschiede stellt ihr zu anderen Gleichgeschlechtlichen fest?
- Welche Unterschiede zum anderen Geschlecht?
- Weshalb sind Unterschiede da?
- Was könnte getan werden, damit der überlappende Teil der Herzen in einer Partnerschaft möglichst gleich ist?
- Müssen sie gleich sein?
- Weshalb ja, weshalb nein?

9.2.13. Selbst ist die Frau! Selbst ist der Mann!
Lukas Geiser & Marie-Lou Nussbaum

Titel
Selbst ist die Frau! Selbst ist der Mann!

Lernziele
Jungen und Mädchen sehen Selbstbefriedigung als selbstverständlichen Teil der Sexualität. Sie wissen, dass jeder Mensch entscheiden darf, ob und wie er Selbstbefriedigung lebt.

Schlüsselwörter
Selbstbefriedigung, sexuelle Lust

Dauer
Mindestens 45 Minuten

Gruppenzusammensetzung
ideal
möglich

Material
Themenfilm «Körper und Sex – Ich mit mir»

Vorbereitung
Themenfilm sichten, ggf. Aussagen der Protagonisten herausschreiben, Gruppenaufträge mit Leitfragen vorbereiten

Anlage/Setting
Da es sich um ein recht intimes Thema handelt, sollte sich die Gruppe kennen und bereits vorangehende Sequenzen zum Thema «Körper und Sex» bearbeitet haben. Im Plenum schauen sie sich den Themenfilm «Körper und Sex – Ich mit mir» an. Zeit: 8 Minuten.
Im Anschluss teilen sich die Teilnehmenden in Kleingruppen (3 bis 5 Personen) und tauschen sich hinsichtlich verschiedener Fragestellungen aus. Zeit: mind. 15 Minuten (je nach Anzahl der Leitfragen).
Die Überlegungen der Gruppen werden schliesslich im Plenum zusammengetragen, möglicherweise ergeben sich daraus weiterführende Diskussionspunkte und Austauschmöglichkeiten. Die Leitung begleitet die Teilnehmenden durch die Gruppenarbeit und leitet den Plenumsteil, ergänzt gegebenenfalls mit zusätzlichen Aspekten. Zeit: mind. 20 Minuten (je nach Anzahl der Teilnehmenden und Leitfragen)

Variante
Jede Gruppe macht sich während des Films Notizen zu einer/einem der Protagonistinnen/Protagonisten. Mögliche Leitfrage: Was sagt Chiara/Désirée/Farsad/Alexandra zum Thema?

Materialien/Unterlagen
Mögliche Leitfragen für Auftrag
- Wie würdet ihr Selbstbefriedigung in euren eigenen Worten umschreiben?
- Welche Aussagen habt ihr im Film von Chiara, Désirée, Farsad und den anderen zu Selbstbefriedigung gehört?
- Wer im Film ist gegenüber Selbstbefriedigung eher negativ eingestellt? Welches sind die Argumente?
- Wer im Film ist gegenüber Selbstbefriedigung eher positiv eingestellt? Welches sind die Argumente?

Tauscht euch in der Gruppe zu folgenden Fragen aus:
- Findet ihr Selbstbefriedigung normal?
- Ist Selbstbefriedigung eher etwas für Männer? Für Frauen? Warum?
- Was denkt ihr, warum befriedigen Menschen sich überhaupt selbst?
- Welche guten Gründe seht ihr?
- Kennt ihr auch Argumente, die gegen Selbstbefriedigung sprechen? Alexandra sagt: «Ich finde, Selbstbefriedigung gehört schon zu jedem Mensch?». Teilt ihr diese Aussage? Wenn ja, warum? Gibt es in der Gruppe unterschiedliche Meinungen?

9.2.14. Sex, Klatsch und Tratsch
Lukas Geiser & Marie-Lou Nussbaum

Titel
Sex, Klatsch und Tratsch

Lernziele
Jungen und Mädchen wissen um individuell verschiedene Vorstellungen von Sexualität, kennen Mythen und Stereotypen von Sexualität, decken Halbwahrheiten auf und sind dadurch in der Lage, allfällige Ängste oder Leistungsdruck abzubauen. Sie ergänzen ihr Wissen zur Sexualität.

Schlüsselwörter
Sexuelle Lust, Orgasmus, Pornografie, Sexmythen

Dauer
Mind. 60 Minuten

Gruppenzusammensetzung
♀|♂ oder ♂♂ möglich

Material
Auswahl an Statements, Zugang zum Internet für allfällige Recherche, evt. Aufklärungsbuch/Broschüren oder Nachschlagewerk für Jugendliche, Gruppenauftrag mit Leitfragen

Vorbereitung
Auswahl von ca. 5-8 Statements treffen – je nach Zielgruppe und gewünschter Thematik. Eigenes Wissen sowie die eigene Haltung zu den Aussagen prüfen, nötigenfalls Fachliteratur konsultieren. Gruppenauftrag vorbereiten.

Anlage/Setting
- **Schritt 1:** Die Teilnehmenden verteilen sich im Raum (Stühle und Tische beiseite). Die Leitung erklärt, dass es in der folgenden Übung (Meinungsbarometer) um die eigene Meinung, und nicht um richtig oder falsch geht. Dabei liest die Leitung verschiedene Aussagen vor, und die Teilnehmenden überlegen sich spontan, «das finde ich auch, dem stimme ich zu» oder «ich finde, das stimmt nicht, dem stimme ich nicht zu» und positionieren sich entsprechend im Raum (z.B. hintere Ecke «stimme nicht zu», vordere Ecke «stimme zu»), man kann sich auch zwischen den beiden Polen positionieren oder sich der Positionierung enthalten («dazu möchte ich nichts sagen», z.B. dritte Ecke).
Nachdem sich die Teilnehmenden positioniert haben, werden sie durch die Leitung kurz interviewt. Beispiel: «Du hast dich hier hingestellt und stimmst der Aussage also (nicht) zu. Darf ich dich nach deiner Meinung fragen?», «Du hast dich zwischen die beiden Pole gestellt. Darf ich dich fragen, was du dir zur dieser Aussage überlegst?», «Würdest du uns sagen, warum du dich gerade hierhin gestellt hast?» etc. Die einzelnen Meinungen werden weder bewertet, noch ausdiskutiert – auch wenn dies vielleicht spannend wäre. Zeit: 20 Minuten.

- **Schritt 2:** Die Teilnehmenden setzen sich in geschlechtergetrennten Kleingruppen à 4-6 Teilnehmenden zusammen. Die Gruppen erhalten je eines (oder mehrere) der Statements zur vertieften Diskussion: Was spricht für, was gegen die Aussage? Gibt es eine klare Antwort auf die Frage? Gibt es verschiedene Ansichten und Meinungen in der Gruppe? Zudem sollen die Aussagen – soweit möglich – auf ihren Wahrheitsgehalt überprüft werden, z.B. mit Hilfe Recherche im Internet. Zeit: 20-30 Minuten.

- **Schritt 3:** Die Überlegungen aus den Kleingruppen werden anschliessend im Plenum vorgestellt. Die Leitung achtet darauf, dass allfällige Vorurteile kritisch reflektiert werden und ergänzt gegebenenfalls mit Faktenwissen. Sie leitet die Teilnehmenden an, begleitet sie und führt einfühlsam die Diskussion. Sie würdigt die einzelnen Beiträge und greift allfällige Abwertungen auf. Zeit. 20 Minuten.

Variante
Meinungsbarometer und Gruppenarbeit können auch unabhängig voneinander durchgeführt werden.

9.2.14. Sex, Klatsch und Tratsch
Lukas Geiser & Marie-Lou Nussbaum

Materialien/Unterlagen
Statements für Meinungsbarometer und Gruppenarbeit

Sexualität allgemein
- Schwarze Männer haben einen besonders grossen Penis, asiatische einen kleinen.
- Je mehr Stellungen beim Sex ausprobiert werden, desto toller der Sex.
- Wenn ein Pärchen nicht mindestens einmal pro Woche Sex hat, ist das ein Zeichen, dass die Beziehung nicht gut läuft.

Pornografie
- Von Pornos kann man lernen, wie man sich beim Sex verhalten sollte.
- Aus Pornos kann man vieles für die eigene Sexualität lernen.
- Erwachsene machen Sex so, wie es in Pornos zu sehen ist.

Weibliche Lust
- Lust ist für Frauen nicht so wichtig.
- Je lauter eine Frau stöhnt, desto besser der Sex.
- Frauen ist Sex weniger wichtig als Männern.
- Lesbische Frauen haben keinen richtigen Sex.

Männliche Lust
- Richtige Männer haben viel Sex, weil sie viel Testosteron haben.
- Männer haben immer Lust auf Sex.
- Männer wollen grundsätzlich mehr Sex als Frauen.
- Je grösser der Penis eines Mannes, desto toller der Sex.
- Männer wollen immer gleich Sex in einer Beziehung.
- Schwule Männer haben kein Interesse an einer Liebesbeziehung, es geht ihnen nur um Sex.

Orgasmus
- Wenn beim Sex nicht beide einen Orgasmus bekommen, ist es kein guter Sex.
- Frauen können immer und sogar mehrmals hintereinander einen Orgasmus haben.

Mögliche Leitfragen für Gruppenarbeit
- Stimmt ihr der Aussage zu und wenn ja, warum?
- Welches sind eure Argumente (für oder gegen die Aussage)?
- Habt ihr diese Aussage schon einmal gehört oder gelesen? Wenn ja, wo?
- Kann diese Aussage auf ihren Wahrheitsgehalt überprüft werden? Wenn ja, wie?
- Was könnte an der Aussage heikel sein?

9.3 Sexualität und Gesundheit
Fedor Spirig, Lilo Gander

Einführung
Die folgenden Methodenbeispiele widmen sich den Themenfeldern «Sexuell übertragbare Infektionen», «Schwangerschaft und Schwangerschaftsverhütung» und «Sexuelle Gewalt». Bei diesen Themen ist einerseits die Wissensvermittlung wichtig, z.B. zu Risikosituationen, Schutzmöglichkeiten, aber auch zu rechtlichen Aspekten und Hilfsangeboten. Einige Methoden sind so gestaltet, dass sie sich zur Wissensaneignung oder -auffrischung eignen.
Andererseits soll den Teilnehmenden eine Auseinandersetzung mit verschiedenen Handlungsstrategien und Haltungen möglich sein. Um dies zu thematisieren, eignet sich neben den Methoden auch die Sequenz «Frühe Schwangerschaft» im Themenfilm «Sexualität und Gesundheit». Bei der Arbeit mit den Filmen sind die sehr persönlichen Aussagen und unterschiedlichen Entscheidungen zu würdigen. Die Teilnehmenden sollen wissen, dass es dabei nicht um «richtig» oder «falsch» geht, sondern um verschiedene Handlungsmöglichkeiten, die von den jeweiligen Personen auch recht intensiv erlebt und differenziert interpretiert werden. Das heisst auch, dass dieselbe Handlung von einer anderen Person ganz anders erlebt und bewertet werden kann.

Filmthema
STI (sexually transmitted infections / sexuell übertragbaren Infektionen), HIV, frühe Schwangerschaft, Alkohol- und Cannabiskonsum in Verbindung mit Sexualität

Unterthemen
STI, Verhütung, Schwangerschaft, Schwangerschaftsabbruch, Vater/Mutter werden, Sex und Drogen, sexuelle Gewalt, sexuelle Orientierung und Gesundheit

Kompetenzen
Jugendliche verfügen über ein vertieftes Wissen zur männlichen und weiblichen Fruchtbarkeit und über Verhütungsmittel.
Sie haben ein erweitertes Wissen zu HIV/Aids und anderen sexuell übertragbaren Infektionen und Schutzmöglichkeiten.
Sie wissen um Risiken von Alkoholkonsum in Verbindung mit Sexualität.
Sie bauen Unsicherheiten und Schranken in Bezug auf Infektionen und Infizierte ab.

Lernziele
- Jungen und Mädchen wissen Bescheid über die Möglichkeiten von Fristenlösung und Schwangerschaftsabbruch. Sie vergleichen Argumente und Haltungen für oder gegen einen Schwangerschaftsabbruch und berücksichtigen dabei ethische Aspekte und geltende Wertvorstellungen. Sie erkennen mögliche Konsequenzen in der Rolle und Aufgabe als Vater und Mutter.
- Jungen und Mädchen sind STI (sexuell übertragbare Infektionen), deren Übertragungswege und die wichtigsten Schutzmassnahmen bekannt. Sie kennen die Schutzfunktionen von Kondom und Femidom und wissen, wie diese Verhütungsmittel angewendet werden. Ebenso wissen sie, in welchen Situationen und bei welchen Körperkontakten kein Infektionsrisiko besteht.
- Jungen und Mädchen ist bewusst, dass Alkohol daran hindert, Grenzen zu setzen, die man sonst einhalten würde. Sie kennen die möglichen Folgen von Alkohol und anderen Drogen in Bezug auf Schutz gegen STI und Verhütung von Schwangerschaft.

9.3.1. Was sind Chlamydien?
Fedor Spirig, Lilo Gander

Titel
Was sind Chlamydien?

Lernziele
Den Teilnehmenden ist bewusst, dass es neben HIV/AIDS verschiedene andere STI gibt. Sie kennen Ansteckungswege, Schutzmöglichkeiten, Symptome und Handlungsstrategien bei Ansteckung.

Schlüsselwörter
STI (sexuell übertragbare Infektionen)

Dauer
45 Minuten

Gruppenzusammensetzung

Material
Info-Broschüren zu verschiedenen STI, Computer mit Internetverbindung, um auf geeigneten Web-Seiten zu recherchieren.
Schilder mit den Namen der verschiedenen STI.

Vorbereitung
Die leitende Person sollte sich vor der Übung selbst zum Thema kundig machen.
Die Gesamtgruppe wird in 9 Gruppen aufgeteilt. Bei kleinen Gruppen können auch Einzelpersonen die Aufgabe übernehmen.
Der Raum sollte gross genug sein, damit sich die Gruppen im zweiten Schritt der Übung gut positionieren können.
Den Teilnehmenden soll zu Beginn der Begriff STI bekannt und verständlich sein. (STI = sexually transmitted infections / sexuell übertragbare Infektionen).

Anlage/Setting
Jede Gruppe erhält ein Schild mit dem Namen einer möglichen Infektion. Die Gruppe hat nun die Aufgabe, sich anhand von Broschüren/Web-Seiten Informationen zu dieser Infektion zu verschaffen und schriftlich festzuhalten. Sie benötigt dazu ca. 15 Minuten
Danach kommen die Gruppen wieder zusammen, jede hat ein Schild mit dem Namen der Infektion, so dass immer ersichtlich ist, welche Gruppe welche Infektion besprochen hat. Die Leitung stellt nun nacheinander verschiedene Fragen zu STI, gibt die möglichen Antworten vor und weist jeder möglichen Antwort eine bestimmte Stelle im Raum zu. Je nachdem wie die Antwort für die einzelne Infektion lautet, stellt sich die Gruppe an die genannte Stelle. So wird z.B. ersichtlich, für welche Infektion eine Schutzimpfung möglich ist und für welche nicht.

Weiterführende Fragen zum Austausch
Nach dem Positionieren kommt die Gruppe wieder im Plenum zusammen. Folgende Fragen können zu einem weiteren Austausch führen:
- Gibt es noch eine Information zu einer der STI, die eine der Kleingruppen den anderen mitteilen möchte?
- Warum sollte man bei Symptomen möglichst rasch zu einer Ärztin / einem Arzt gehen?
- Warum sollte man sich untersuchen lassen, auch wenn die Symptome nach einiger Zeit wieder verschwinden?
- Warum ist eine Partner- / Partnerin-Behandlung notwendig?
- Welche Ärztin / welcher Arzt ist eine Ansprechperson für Frauen / für Männer?
- Welche Stellen gibt es für homosexuelle Männer?
- Bei welchen Stellen kann man bei Unsicherheit Informationen / Rat bekommen?
- Warum ist es nicht wichtig, sich die Namen aller STI zu merken oder eine Selbstdiagnose zu stellen?

9.3.1. Was sind Chlamydien?
Fedor Spirig, Lilo Gander

Materialien/Unterlagen
Neun Tafeln, auf denen jeweils der Name einer STI steht:
- HIV
- HPV
- Herpes
- Hepatitis B
- Chlamydien
- Gonorrhöe (Tripper)
- Syphilis
- Pilze
- Trichomonaden

Wissensgrundlage
Broschüre «...Ist da was?»
(BZgA Deutschland, als Broschüre zu bestellen oder als pdf-Datei herunterzuladen)
http://www.bzga.de/infomaterialien/aidsaufklaerung/

Web-Seite «Check your Lovelife»
(Eignet sich zur Recherche. Faktenblätter zu den verschiedenen STIs lassen sich als pdf-Datei herunterladen. Informationen in Deutsch, Französisch, Italienisch oder Englisch erhältlich)
http://www.check-your-lovelife.ch/de/hiv-und-andere-sti/hiv-und-andere-sexuell-uebertragbare-infektionen.html

Web-Seite der Aids Hilfe Schweiz
www.aids.ch

Web-Seite des Bundesamtes für Gesundheit BAG
www.bag.admin.ch

Frage 1
Welche Infektion wird durch Viren ausgelöst, welche durch Bakterien, welche durch andere Krankheitserreger? (Zuordnung z.B. Viren nach rechts, Bakterien nach links, andere Erreger in die Mitte).

Viren	Andere Erreger	Bakterien
HIV, HPV, Hepatitis B, Herpes	Pilze (Pilzerkrankung) Trichonomaden (Einzeller)	Chlamydien, Syphilis, Gonorrhöe

Frage 2
Welche Infektion ist, wenn rechtzeitig erkannt, gut heilbar und welche bedingt oder gar nicht?

Gut heilbar	Schlecht oder nicht heilbar
Chlamydien, Syphilis, Gonorrhöe, Pilze, Trichomonaden (die durch Bakterien, Pilze oder Einzeller verursachten Infektionen)	HIV, HPV, Hepatitis B, Herpes (die durch Viren verursachten Infektionen)

Frage 3
Vor welchen Infektionen schützen das Kondom oder Femidom sehr gut, bei welchen helfen sie eine Infektion zu verhindern?

Schützt sehr gut	Hilft eine Infektion zu verhindern
HIV	HPV, Hepatitis B, Herpes, Chlamydien, Syphilis, Gonorrhöe, Pilze, Trichomonaden (Kondom/Femidom schützen hier nicht hundertprozentig)

9.3.1. Was sind Chlamydien?
Fedor Spirig, Lilo Gander

Frage 4
Für welche Infektionen ist eine Schutzimpfung möglich, für welche nicht?

Schutzimpfung möglich	Keine Schutzimpfung möglich
HPV, Hepatitis B	HIV, Herpes, Chlamydien, Syphilis, Gonorrhöe, Pilze, Trichomonaden

Frage 5
Welche Infektionen haben Krankheitsanzeichen (Symptome), welche verlaufen oft auch oft ohne erkennbare Krankheitsanzeichen (symptomlos)?

Symptome	symptomlos
HPV, Herpes, Syphilis, Gonorrhöe, Pilze, Trichomonaden	HIV, Hepatitis B Chlamydien teilweise symptomlos

Frage 6
Mögliche Anzeichen für eine Ansteckung mit einer STI sind Ausfluss, Hautveränderungen, Jucken, Brennen, Schmerzen oder Blutungsstörungen. Bei welchen STI ist es wichtig, eine Ärztin/einen Arzt aufzusuchen, bei welchen nicht?

Arztbesuch notwendig	Arztbesuch nicht notwendig
Bei Verdacht ist es bei allen STI wichtig, eine Ärztin/einen Arzt oder eine spezialisierte medizinische Einrichtung aufzusuchen.	---

9.3.2. HIV / AIDS Quiz
Fedor Spirig, Lilo Gander

Titel
HIV / AIDS Quiz

Lernziele
Jungen und Mädchen kennen HIV/Aids, die Übertragungswege und die wichtigsten Schutzmassnahmen.

Schlüsselwörter
HIV / Aids

Dauer
45 Minuten

Gruppenzusammensetzung

Material
Acht Fragekarten, auf der Rückseite von 1 bis 8 nummeriert, Lösungssatz-Schlüssel, Papier und Schreibzeug

Vorbereitung
Der Themenfilm «Schutz und Verhütung» kann in der Gruppe angeschaut werden.
Die Gruppe wird in drei bis vier Kleingruppen aufgeteilt (5-6 Personen), die jeweils ein Spielteam bilden. Jede Gruppe bekommt einen Zettel und nummeriert ihn von 1 bis 8.

Anlage/Setting
Karten mit je einer der untenstehenden Fragen liegen auf einem Tisch in der Mitte des Raums. Eine Person aus jeder Gruppe holt eine Karte, die Frage wird in der Gruppe diskutiert und die Gruppe bestimmt, welche der drei möglichen Antworten korrekt ist. Der Lösungsbuchstabe der gewählten Antwort wird analog der Kartennummer auf einem Zettel notiert. Danach wird die Karte zurückgelegt und eine nächste Frage diskutiert. Keine Gruppe diskutiert also gleichzeitig dieselbe Frage, was das gegenseitige «Abhören» erschwert. Wenn alle Fragen diskutiert und die Lösungsbuchstaben notiert sind, treffen sich alle wieder im Plenum. Jede der Gruppen erhält nun ein Lösungs-Schlüsselblatt mit 8 Feldern, in die die Lösungsbuchstaben in der vorgegebenen Reihenfolge eingesetzt werden und so das Lösungswort ergeben.

Das gefundene Lösungswort wird von jeder Gruppe genannt. Zusammen mit der Leitung wird nun jeder Punkt kurz durchgegangen und mit zusätzlichen Informationen ergänzt. Dies setzt voraus, dass die Leitung im Vorfeld das eigene Wissen auffrischt.

Weiterführende Fragen zum Austausch
Die Fragen sind so gewählt, dass folgende Punkte angesprochen und gegebenenfalls vertieft werden können:
- Unterschied HIV / Aids
- Krankheitsverlauf
- Medizinische Möglichkeiten bei einer HIV-Infektion
- Risikoreiche / ungefährliche Körperflüssigkeiten in Bezug auf eine HIV-Infektion
- Mögliche Eintrittspforten für das Virus
- Risikoreiche / ungefährliche Situationen in Bezug auf eine HIV-Infektion
- Schutzmöglichkeiten
- HIV-Test

9.3.2. HIV / AIDS Quiz
Fedor Spirig, Lilo Gander

Materialien/Unterlagen
Die Karten sollen auf der Rückseite mit der entsprechenden Nummer gekennzeichnet sein.
Acht Karten mit Fragen und je drei Antwortvarianten

1. Wie lange muss man nach einer Risikosituation (z.B. ungeschützter Geschlechtsverkehr) warten, bis man einen HIV-Test machen kann?	T = P = X =	drei Tage drei Wochen drei Monate
2. Was ist der Unterschied zwischen HIV und AIDS?	K = S = R =	es gibt keinen Unterschied, es ist dasselbe HIV ist der Name des Krankheitserregers, AIDS ist der Name der Krankheit HIV sagt man, wenn eine Person angesteckt ist, AIDS, wenn eine Person krank ist
3. Was kann die Medizin gegen die Krankheit tun?	K = L = F =	es gibt die HIV-Impfung AIDS ist inzwischen heilbar der Ausbruch der Krankheit kann verzögert werden
4. Welche Körperflüssigkeiten stellen ein Risiko für eine mögliche Ansteckung dar?	E = O = I =	Blut, Sperma, Scheidenflüssigkeit, Muttermilch Blut, Sperma, Scheidenflüssigkeit, Speichel Blut, Sperma, Scheidenflüssigkeit, Eiter
5. Welche der folgenden Möglichkeiten schützt, abgesehen von Kondomen, bei Geschlechtsverkehr vor einer HIV-Infektion?	A = O = E =	Rückzieher vor dem Samenerguss Diaphragma Femidom
6. In welcher Situation wäre eine HIV-Ansteckung möglich?	S = R = T =	Kondompanne beim Geschlechtsverkehr geschützter Analverkehr bei schwulen Männern Oralverkehr bei einer Frau, wenn kein Menstruationsblut vorhanden ist
7. Wo kann das HI-Virus nicht in den Körper eindringen?	K = N = R =	grosse offene, frische Wunden gesunde Schleimhäute Narbengewebe auf der Haut
8. Wie lange dauert es durchschnittlich nach einer HIV-Infektion, bis erste Krankheiten ausbrechen?	E = U = A =	ca. 10-12 Wochen ca. 10-12 Monate ca. 10-12 Jahre

Lösungsschlüssel
Die Lösungsbuchstaben sollen in folgender Reihenfolge eingetragen werden:
2 / 8 / 3 / 4 / 7 / 6 / 5 / 1 (Die Lösung lautet: SAFER SEX)

Wissensgrundlage:
Um das eigene Wissen in Bezug auf HIV / AIDS aufzufrischen, eignet sich z.B. die Seite der Aids Hilfe Schweiz, www.aids.ch

9.3.3. Verhütungs-Puzzle
Fedor Spirig, Lilo Gander

Titel
Verhütungs-Puzzle

Lernziele
Die Teilnehmenden kennen verschiedene Verhütungsmittel und können die für sie relevanten benennen und erklären.
Sie sind in der Lage, die Wirkungsweise der Notfallverhütung/«Pille danach» zu erklären und wissen, wo diese erhältlich ist.

Dauer
45 Minuten

Gruppenzusammensetzung

Material
Blätter, auf denen die verschiedenen Verhütungsmittel aufgeführt sind, Kärtchen mit Begriffen zu den Verhütungsmitteln, geeignete Broschüre über Schwangerschaftsverhütung zur Recherche

Vorbereitung
Die Gruppe wird in Kleingruppen aufgeteilt (ca. 4-5 Personen). Jede Kleingruppe erhält ein Set des aufgeführten Materials.

Anlage/Setting
Die Gruppen ordnen den verschiedenen Verhütungsmitteln vier passende Kärtchen zu, in den vier Kategorien «Wirkungsweise», «Erhältlichkeit», «Anwendung» und «Schutz». Die Teilnehmenden können bereits vorhandenes Wissen nutzen oder mit Hilfe von Broschüren bzw. Internetseiten recherchieren (geeignete Broschüren/Web-Seiten unter «Wissensgrundlage»). Die Ergebnisse werden im Plenum vorgestellt und auf Richtigkeit geprüft. Das Wissen soll von der Leitung ergänzt und andere Aspekte mit Hilfe von weiterführenden Fragen diskutiert werden.

Weiterführende Fragen zum Austausch
Je nach Alter und Wissensstand der Gruppe können die Kenntnisse mit weiterführenden Fragen ergänzt werden. Es können auch Themen wie Recht oder Verantwortung aufgenommen werden.

- Wie wirken hormonelle Mittel, wie die Barriere Methode)?
- Welche Verhütungsmitteln gibt es sonst noch?
- Ärztliches Rezept (wo bekommt ein Mädchen ein Rezept, wie sieht die rechtliche Situation für Minderjährige aus)?
- Was sind Vor- und Nachteile einzelner Verhütungsmittel?
- Wie wird das Kondom korrekt angewendet?
- Welche Pannen können bei den verschiedenen Verhütungsmitteln passieren?
- Wann macht es Sinn, die «Pille danach» zu nehmen? Wer bekommt sie wo?
- Verantwortung: Wer ist für die Verhütung verantwortlich?

Materialien/Unterlagen
Pro Gruppe jeweils:
Ein Set mit 8 Blättern, auf denen jeweils die folgenden Verhütungsmittel genannt sind:
- Pille
- Verhütungspflaster/ Verhütungspatch
- Vaginalring
- Kondom
- Femidom
- Hormonspirale
- Hormonstäbchen
- Pille danach / Notfallverhütung

Ein Set Zuordnungskärtchen, in der angegebenen Stückzahl.

Wirkungsweise:
Hormonelle Methode
(6 Stück pro Gruppe)

Wirkungsweise:
Barriere-Methode
(2 Stück pro Gruppe)

Erhältlichkeit:
mit ärztlichem Rezept erhältlich
(3 Stück pro Gruppe)

Erhältlichkeit:
ohne ärztliches Rezept erhältlich
(3 Stück pro Gruppe)

Erhältlichkeit:
nur durch Arzt / Ärztin erhältlich
(2 Stück pro Gruppe)

Anwendung:
täglich
(1 Stück pro Gruppe)

9.3.3. Verhütungs-Puzzle
Fedor Spirig, Lilo Gander

Anwendung:
wöchentlich
(1 Stück pro Gruppe)

Anwendung:
monatlich
(1 Stück pro Gruppe)

Anwendung:
situativ
(3 Stück pro Gruppe)

Anwendung:
von Arzt / Ärztin eingesetzt
(2 Stück pro Gruppe)

Schutz:
vor Schwangerschaft
(6 Stück pro Gruppe)

Schutz:
auch vor Infektion mit HIV / STIs
(2 Stück pro Gruppe)

Lösung
Pille
Hormonelle Methode
Mit ärztlichem Rezept erhältlich. Anwendung: täglich. Schutz vor Schwangerschaft.

Verhütungspflaster
Hormonelle Methode
Mit ärztlichem Rezept erhältlich. Anwendung: wöchentlich. Schutz vor Schwangerschaft.

Vaginalring
Hormonelle Methode
Mit ärztlichem Rezept erhältlich. Anwendung: monatlich. Schutz vor Schwangerschaft.

Kondom
Barriere Methode
Ohne ärztliches Rezept erhältlich. Anwendung: situativ.
Schutz auch vor Infektion mit HIV.

Femidom
Barriere Methode
Ohne ärztliches Rezept erhältlich. Anwendung: situativ. Schutz auch vor Infektion mit HIV.

Hormonspirale
Hormonelle Methode
Nur durch Arzt/Ärztin erhältlich. Anwendung: durch Arzt/Ärztin eingesetzt. Schutz vor Schwangerschaft.

Hormonstäbchen
Hormonelle Methode
Nur durch Arzt/Ärztin erhältlich. Anwendung: durch Arzt/Ärztin eingesetzt. Schutz vor Schwangerschaft

Pille danach
Hormonelle Methode
Ohne ärztliches Rezept erhältlich. Anwendung: situativ. Schutz vor Schwangerschaft.

Wissensgrundlage
Web-Seite Check «Sexuelle Gesundheit Schweiz»
(Eignet sich zur Recherche. Faktenblätter zu den verschiedenen Verhütungsmitteln lassen sich als pdf-Datei herunterladen. Informationen in neun Sprachen erhältlich)
http://www.sexuelle-gesundheit.ch/Verhutungsmethoden

Die leitende Person sollte ihr Wissen zu den verschiedenen Verhütungsmitteln im Vorfeld auffrischen.

9.3.4. Ungeplant schwanger – Wie soll ich mich entscheiden?
Fedor Spirig, Lilo Gander

Titel
Ungeplante Schwangerschaft

Lernziele
Jungen und Mädchen wissen Bescheid über die Möglichkeiten von Fristenregelung und Schwangerschaftsabbruch, vergleichen Argumente und Haltungen für oder gegen einen Schwangerschaftsabbruch, sie berücksichtigen ethische Aspekte und geltende Wertvorstellungen. Sie erkennen mögliche Konsequenzen in der Rolle und Aufgabe als Mutter und Vater.

Schlüsselwörter
Ungeplante Schwangerschaft, Entscheidungsfindung

Dauer
60 Minuten

Gruppenzusammensetzung
als Gruppenarbeit
im Plenum

Material
Themenfilm «Sexualität und Gesundheit – Frühe Schwangerschaft».

Vorbereitung
Die Jugendlichen werden in Untergruppen von 4-5 Personen eingeteilt, Mädchen- und Jungengruppen. In jeder Untergruppe wird eine Person bestimmt, die «Protokoll» führt und eine Person, die die Diskussionsergebnisse im Plenum vorstellt.
Wichtig ist, den Jugendlichen mitzuteilen, dass es unterschiedliche Positionen gibt. Im Film beschreiben Alba, Thibault und Kataryna ihre Situation. In der Diskussion geht es primär nicht um die Personen im Film. Sie stehen symbolisch für die Situation «Entscheidungsfindung» bei einer ungeplanten Schwangerschaft.

Anlage/Setting
Die ganze Gruppe schaut sich die Filmsequenz «Frühe Schwangerschaft» im Themenfilm «Sexualität und Gesundheit» an. Danach gehen sie in die Untergruppen und diskutieren folgende Punkte:

- Was denke ich über ungeplante Schwangerschaften?
- Was würde ich mit einer schwangeren Kollegin, die zwischen 15 und 19 Jahren alt ist, in einer solchen Situation diskutieren?
- Was mit einer jüngeren Kollegin?
- Was wären meine Gedanken?
- Wie würde ich entscheiden, wenn ich, resp. meine Freundin, jetzt schwanger wäre?
- Welche Rechte haben Frauen, wenn es zu einer ungeplanten Schwangerschaft kommt?
- Welche Rechte haben Männer, wenn es zu einer ungeplanten Schwangerschaft kommt?
- Wer sollte in die Entscheidungsfindung Schwangerschaftsabbruch oder nicht einbezogen werden?
- Nur der Freund bzw. Erzeuger? Wie viel Mitspracherecht erwarten Männer bei einer solchen Entscheidung?
- Nur die Familie? Alle von einer Schwangerschaft Betroffenen (Erzeuger, Familie, Arbeitgeber, Lehrerin, Kollegen, Kolleginnen)?
- Soll niemand einbezogen werden?
- Wie war das bei Katarynay, Alba und Thibault? Wie sind sie vorgegangen?

Haltet eure Erkenntnisse auf einem Flipchart fest und stellt sie anschliessend in der ganzen Gruppe vor.

Weiterführende Fragen zum Austausch
- Bei welchem Thema gab es die meisten Differenzen?
- Kann man sagen, ob sich Frauen oder Männer einfacher entscheiden können?
- Wo gibt es Unterstützung?

9.3.5. Ungeplant schwanger – Schwangerschaft abbrechen oder nicht?
Fedor Spirig, Lilo Gander

Titel
Ungeplante Schwangerschaft – Welche Rechte habe ich

Lernziele
Jungen und Mädchen wissen Bescheid über die Möglichkeiten von Fristenregelung und Schwangerschaftsabbruch. Sie vergleichen Argumente und Haltungen für oder gegen einen Schwangerschaftsabbruch. Dabei berücksichtigen sie ethische Aspekte und geltende Wertvorstellungen. Sie erkennen mögliche Konsequenzen in der Rolle und Aufgabe als Vater und Mutter.
Jugendliche setzen sich mit der Situation einer ungeplanten Schwangerschaft auseinander. Sie kennen ihre Rechte bei beiden Entscheiden und wissen, wie sie Unterstützungsangebote in ihrer Region finden.

Schlüsselwörter
Ungeplante Schwangerschaft, Entscheid, Rechte, Unterstützungsangebote

Dauer
60 Minuten

Gruppenzusammensetzung

Material
Kopien der unten aufgeführten Texte

Vorbereitung
Die ganze Gruppe hat sich vorgängig mit dem Thema Entscheidungsfindung (siehe Methode 9.3.4.) auseinander gesetzt.

Anlage/Setting
Die Jugendlichen schauen sich gemeinsam im Themenfilm «Sexualität und Gesundheit» die Sequenz «Frühe Schwangerschaft» an.
Anschliessend erhalten sie den Auftrag, aus der Broschüre «Hoppelpoppel» das Kapitel «Die Rechte von Mädchen im Fall einer Schwangerschaft» zu lesen.

Die folgenden Fragen sollen in Kleingruppen beantworten werden:
- Eine junge Frau hat einen positiven Schwangerschaftstest – was sollte sie als erstes machen? Welche Rechte hat sie?
- Wie heissen die Stellen in eurer Region, die Jugendliche, Frauen und Männer bei ungeplanten Schwangerschaften, unterstützen?
- Wie war das bei Alba, bei Thibaut, wie bei Kataryna? Was haben sie erlebt? Mit wem haben sie sich besprochen, wer hat sie unterstützt?
- Vor und nach der Geburt – von wem erhält Alba Unterstützung?
- Während und nach dem Schwangerschaftsabbruch – wer hat Kataryna in der Verarbeitung des Erlebten unterstützt?

Die verschiedenen Gruppen stellen in der ganzen Gruppe ihre Erkenntnisse vor.

Wissensgrundlage:
«Hoppelpoppel, aber mit Recht. Deine Sexualität, deine Rechte. Informationen für Jugendliche»
(Bezug: Sexuelle Gesundheit Schweiz, www.sexuelle-gesundheit.ch)

9.3.5. Ungeplant schwanger – Schwangerschaft abbrechen oder nicht?

Fedor Spirig, Lilo Gander

Materialien/Unterlagen
Basisinformationen zu Gesprächen über ungeplante Schwangerschaft.

Aus: Broschüre «Hoppelpoppel aber mit Recht. Deine Sexualität, deine Rechte. Information für Jugendliche», Ausgabe 2010

Die Rechte von Mädchen im Fall einer (ungewollten) Schwangerschaft	Auch Mädchen unter 18 Jahren haben grundsätzlich die Möglichkeit, eine ungewollte Schwangerschaft straffrei abzubrechen. Es gelten die gleichen gesetzlichen Voraussetzungen wie bei Volljährigen. Mädchen, die urteilsfähig sind, dürfen selbst entscheiden, ob sie eine Schwangerschaft abbrechen möchten oder nicht, auch ohne die Eltern zu fragen. Jugendliche unter 16 Jahren brauchen ausser dem Gespräch mit einer Ärztin, einem Arzt auch ein Gespräch mit einer anerkannten Beratungsstelle, damit der Schwangerschaftsabbruch durchgeführt werden kann. Wenn du dich für einen Schwangerschaftsabbruch entscheidest, hast du das Recht auf umfassende Beratung, angemessene ärztliche Versorgung und respektvolle Behandlung. Bei der Beratung können auch dein Partner oder deine Eltern anwesend sein, wenn du das möchtest. Auch nach dem Schwangerschaftsabbruch kannst du dich beraten und unterstützen lassen. Gegen ihren Willen dürfen Mädchen und Frauen, auch wenn sie noch nicht 18 Jahre alt sind, nicht von ihren Eltern oder anderen Personen dazu gezwungen werden, eine Schwangerschaft abzubrechen. Du hast das Recht, eine Schwangerschaft weiterzuführen. Bei diesem Entscheid gibt es Unterstützungsmöglichkeiten, die für dich infrage kommen könnten. Den besten Überblick wird dir ein Termin bei einer Beratungsstelle verschaffen. Du hast auch das Recht zu entscheiden, ob du das Kind nach der Geburt zur Adoption freigeben möchtest. Auch bei diesem Entscheid kannst du dich von darauf spezialisierten Stellen beraten und unterstützen lassen.

Texte zum Thema Schwangerschaft
Aus: http://www.lustundfrust.ch/html/jugendliche/jugend.html
Website www.lustundfrust – Schwanger?

Schwangerschaft	Eine Schwangerschaft kommt zustande, wenn das Ei einer Frau vom Samen des Mannes befruchtet wird und sich dann in der Gebärmutterschleimhaut einnistet. Die Zeitspanne zwischen dem Einnisten (ca. am 4. Tag nach der Befruchtung einer Eizelle durch ein Spermium) bis zum Zeitpunkt der Geburt, wird als Schwangerschaft bezeichnet. Die Feststellung, schwanger zu sein, kann bei einer Frau oder einem jungen Mädchen unterschiedliche Gefühle auslösen. Wie oder wann macht sich eine Schwangerschaft bemerkbar? Meist merken sie, dass die Periode ausbleibt. Bei Jugendlichen ist manchmal schwierig zu erkennen, ob die Periode ausbleibt oder sich nur verschiebt, da sie oft noch unregelmässig menstruieren. Manchmal ist es auch so, dass eine junge Frau noch eine Blutung hat, obwohl sie schon schwanger ist. Die Blutung ist dann aber meist schwächer als gewohnt.

9.3.5. Ungeplant schwanger – Schwangerschaft abbrechen oder nicht?
Fedor Spirig, Lilo Gander

Schwangerschaftstest	Um sicher zu gehen, ob du schwanger bist oder nicht, kannst du einen Schwangerschaftstest machen. Du kannst ihn dir entweder in einer Apotheke oder in einem Supermarkt wie Coop oder Migros kaufen. Oder du meldest dich in einer gynäkologischen Praxis. Wenn eine Schwangerschaft besteht, befinden sich ganz bestimmte Hormone im Urin, die sich durch den Test feststellen lassen. Ein solcher Schwangerschaftstest kann frühestens nach dem Ausbleiben der Periode gemacht werden. Dann ist das Resultat zuverlässig. Wenn der Test angibt, dass du schwanger bist, musst du den Test nicht wiederholen. Wenn der Test «negativ» angibt, dann wiederhole den Test sicherheitshalber eine Woche später, falls bis dahin deine Periode weiter ausbleibt. Oder noch besser, melde dich bei einer Ärztin, einem Arzt.
Der Test zeigt «negativ» an – nicht schwanger	Uff! Glück gehabt? Vielleicht ist jetzt auch der Moment, wo du dich nochmals mit dem Thema Verhütung auseinandersetzen willst. Überlege dir auch, wie es mit HIV und anderen sexuell übertragbare Infektionen aussieht. Hattest du eine Risikosituation?
Der Test zeigt «positiv» an – schwanger	Was kannst du jetzt tun? Es kommen vielleicht ganz unterschiedliche Gefühle hoch. Gerade wenn die Schwangerschaft ungeplant ist, können Mädchen und Frauen verschieden reagieren. Sie haben ja nicht damit gerechnet! Scham – Schock – Hilflosigkeit – Schreck – Ungläubigkeit – Bestätigung – Freude. Die Palette widerstreitender Gefühle ist gross. Hinzu kommt vielleicht noch, dass du von deinem Freund erfährst, dass er ganz anders denkt und fühlt. Wichtig ist, dass du deine Rechte kennst, egal, wie alt du bist: Du darfst dich für einen Schwangerschaftsabbruch oder für das Kind entscheiden und Mutter werden. Du kannst das Kind austragen und nach der Geburt zur Adoption frei geben. Du entscheidest – nur du – aber vielleicht brauchst du Unterstützung für deine Entscheidung. Auch Gefühle wie Freude und Stolz können sich melden. Dann, wenn du merkst, dass du dich freust, schwanger zu sein. Vielleicht wirst du dich gleich für oder gegen die Schwangerschaft entscheiden. Oder vor lauter Schreck wartest du erst einmal ab, weil du gar nicht weisst, wo du Hilfe bekommen kannst. Auch wenn du dich durch die veränderte Situation verwirrt fühlst, ist es sehr wichtig, dich möglichst bald zu entscheiden, ob du die Schwangerschaft willst oder nicht. Gespräche mit Menschen, die du magst und denen du vertraust, können helfen. Du kannst aber auch eine anerkannte Beratungsstelle aufsuchen, wo du anonym und gratis mit einer Beraterin, welche speziell für solche Fragen ausgebildet ist, sprechen kannst. Adressen dieser anerkannten Beratungsstellen in deiner Nähe findest du unter www.sexuelle-gesundheit.ch. Die Beraterinnen stehen unter Schweigepflicht und dürfen ohne deine Einwilligung mit niemandem über deine Situation sprechen.
Die Entscheidung	Du musst dich entscheiden, ob du die Schwangerschaft austragen oder abbrechen willst. Eine Entscheidung, die nie ganz leicht fällt. Ob sich eine Jugendliche für oder gegen einen Schwangerschaftsabbruch entscheidet, das liegt allein bei ihr. Weder Eltern noch sonstige Sorgeberechtigte dürfen und sollen den Entscheid für die junge Frau fällen. Deshalb auch die Pflichtberatung bei Jugendlichen unter 16 Jahren (vgl. Schwangerschaftsabbruch).

9.3.5. Ungeplant schwanger – Schwangerschaft abbrechen oder nicht?
Fedor Spirig, Lilo Gander

Schwangerschaftstest	Um sicher zu gehen, ob du schwanger bist oder nicht, kannst du einen Schwangerschaftstest machen. Du kannst ihn dir entweder in einer Apotheke oder in einem Supermarkt wie Coop oder Migros kaufen. Oder du meldest dich in einer gynäkologischen Praxis. Wenn eine Schwangerschaft besteht, befinden sich ganz bestimmte Hormone im Urin, die sich durch den Test feststellen lassen. Ein solcher Schwangerschaftstest kann frühestens nach dem Ausbleiben der Periode gemacht werden. Dann ist das Resultat zuverlässig. Wenn der Test angibt, dass du schwanger bist, musst du den Test nicht wiederholen. Wenn der Test «negativ» angibt, dann wiederhole den Test sicherheitshalber eine Woche später, falls bis dahin deine Periode weiter ausbleibt. Oder noch besser, melde dich bei einer Ärztin, einem Arzt.
Der Test zeigt «negativ» an – nicht schwanger	Uff! Glück gehabt? Vielleicht ist jetzt auch der Moment, wo du dich nochmals mit dem Thema Verhütung auseinandersetzen willst. Überlege dir auch, wie es mit HIV und anderen sexuell übertragbare Infektionen aussieht. Hattest du eine Risikosituation?
Der Test zeigt «positiv» an – schwanger	Was kannst du jetzt tun? Es kommen vielleicht ganz unterschiedliche Gefühle hoch. Gerade wenn die Schwangerschaft ungeplant ist, können Mädchen und Frauen verschieden reagieren. Sie haben ja nicht damit gerechnet! Scham – Schock – Hilflosigkeit – Schreck – Ungläubigkeit – Bestätigung – Freude. Die Palette widerstreitender Gefühle ist gross. Hinzu kommt vielleicht noch, dass du von deinem Freund erfährst, dass er ganz anders denkt und fühlt. Wichtig ist, dass du deine Rechte kennst, egal, wie alt du bist: Du darfst dich für einen Schwangerschaftsabbruch oder für das Kind entscheiden und Mutter werden. Du kannst das Kind austragen und nach der Geburt zur Adoption frei geben. Du entscheidest – nur du – aber vielleicht brauchst du Unterstützung für deine Entscheidung. Auch Gefühle wie Freude und Stolz können sich melden. Dann, wenn du merkst, dass du dich freust, schwanger zu sein. Vielleicht wirst du dich gleich für oder gegen die Schwangerschaft entscheiden. Oder vor lauter Schreck wartest du erst einmal ab, weil du gar nicht weisst, wo du Hilfe bekommen kannst. Auch wenn du dich durch die veränderte Situation verwirrt fühlst, ist es sehr wichtig, dich möglichst bald zu entscheiden, ob du die Schwangerschaft willst oder nicht. Gespräche mit Menschen, die du magst und denen du vertraust, können helfen. Du kannst aber auch eine anerkannte Beratungsstelle aufsuchen, wo du anonym und gratis mit einer Beraterin, welche speziell für solche Fragen ausgebildet ist, sprechen kannst. Adressen dieser anerkannten Beratungsstellen in deiner Nähe findest du unter www.sexuelle-gesundheit.ch. Die Beraterinnen stehen unter Schweigepflicht und dürfen ohne deine Einwilligung mit niemandem über deine Situation sprechen.
Die Entscheidung	Du musst dich entscheiden, ob du die Schwangerschaft austragen oder abbrechen willst. Eine Entscheidung, die nie ganz leicht fällt. Ob sich eine Jugendliche für oder gegen einen Schwangerschaftsabbruch entscheidet, das liegt allein bei ihr. Weder Eltern noch sonstige Sorgeberechtigte dürfen und sollen den Entscheid für die junge Frau fällen. Deshalb auch die Pflichtberatung bei Jugendlichen unter 16 Jahren (vgl. Schwangerschaftsabbruch).

9.3.5. Ungeplant schwanger – Schwangerschaft abbrechen oder nicht?
Fedor Spirig, Lilo Gander

Schwangerschaftsabbruch	Ein Schwangerschaftsabbruch ist während der ersten zwölf Wochen seit Beginn der letzten Periode (gemäss Strafgesetz Art. 118 bis 120) erlaubt. Vor dem Eingriff muss die Ärztin, der Arzt mit der Jugendlichen, der Frau ein eingehendes Gespräch führen. Die Ärztin, der Arzt informiert über den medizinischen Ablauf, gesundheitliche Risiken und gibt einen Leitfaden mit weiterführenden Beratungsstellen. Bei Frauen unter 16 Jahren ist ein Beratungsgespräch bei einer dafür anerkannten Stelle obligatorisch, im Leitfaden aufgelistet. Ein Schwangerschaftsabbruch nach der 12. Schwangerschaftswoche kann vorgenommen werden, wenn eine ärztliche Fachperson feststellt, dass die gesetzlichen Voraussetzungen gegeben sind.
Wer führt den Schwangerschaftsabbruch durch?	Du kannst dich über deine Gynäkologin / deinen Gynäkologen oder deine Ärztin / deinen Arzt informieren, welche Spitäler und Praxen die Bewilligung für die Durchführung eines straflosen Schwangerschaftsabbruchs besitzen.
Und dann – Wie weiter…?	Damit die Methode des Eingriffs festgelegt und der Eingriff vorgenommen werden kann, muss die Schwangerschaft und deren Dauer durch Ultraschall festgestellt worden sein. Nach einem persönlichen Gespräch, das die Ärztin, der Arzt mit dir führt, wird der Schwangerschaftsabbruch in einer der anerkannten Kliniken oder Privatpraxen durchgeführt.
Methoden des Schwangerschaftsabbruchs Chirurgisch	Diese Methode wird auch Absaugmethode genannt. Ein Saugröhrchen wird durch die Scheide in die Gebärmutter eingeführt und das Schwangerschaftsgewebe damit abgesaugt. Was sind die wichtigsten Merkmale im Erleben dieser Methode? Ein chirurgischer Schwangerschaftsabbruch ist ein operativer Eingriff. Er wird evtl. mit einer Narkose durchgeführt. Der Eingriff beansprucht nur kurze Zeit und ist zeitlich klar festgelegt, in der Regel nicht vor der siebten Schwangerschaftswoche. Dies kann bedeuten, dass eine Frau, ein Mädchen, mehr Zeit für die Entscheidungsfindung hat. Wird der Abbruch unter Narkose durchgeführt, erlebt die Frau, das Mädchen den Eingriff nicht bewusst. Die Blutung nach der Operation ist meist gering, die Schmerzen halten selten lang an.
Medikamentöse Methode – Mifegyne	Diese Methode darf nur bis in die siebte Schwangerschaftswoche – gerechnet ab dem ersten Tag der letzten Periode – durchgeführt werden. Insgesamt musst du drei bis vier Mal in die Praxis gehen. Der Abbruch wird ambulant in einer Klinik oder Arztpraxis mit zwei Medikamenten durchgeführt. Das Medikament Mifegyne blockiert die Wirkung des Hormons Progesteron und stoppt die Entwicklung der Schwangerschaft. Zwei Tage später wird das zweite Medikament, Prostaglandin, eingenommen. Dieses bewirkt, dass sich nach der Einnahme die Gebärmutter zusammenzieht und die Frucht ausgestossen wird.
Was sind die wichtigsten Merkmale im Erleben dieser Methode?	Bei über 95 Prozent sind kein operativer Eingriff und keine Narkose nötig. Der Vorgang zieht sich über 3 Tage. Der Abbruch kann zu einem sehr frühen Zeitpunkt durchgeführt werden, was psychisch entlastend wirken kann. Der Abbruch wird bewusst erlebt. Der Vorgang wird von Frauen als natürlich empfunden und mit Übernahme von Selbstverantwortung verbunden. Die Blutung nach dem Eingriff kann länger sein als beim chirurgischen Eingriff. Es treten Bauchschmerzen auf, die nach der Ausstossung mehr oder weniger lang andauern können.

9.3.5. Ungeplant schwanger – Schwangerschaft abbrechen oder nicht?

Fedor Spirig, Lilo Gander

Schwangerschaftsabbruch	Ein Schwangerschaftsabbruch ist während der ersten zwölf Wochen seit Beginn der letzten Periode (gemäss Strafgesetz Art. 118 bis 120) erlaubt. Vor dem Eingriff muss die Ärztin, der Arzt mit der Jugendlichen, der Frau ein eingehendes Gespräch führen. Die Ärztin, der Arzt informiert über den medizinischen Ablauf, gesundheitliche Risiken und gibt einen Leitfaden mit weiterführenden Beratungsstellen. Bei Frauen unter 16 Jahren ist ein Beratungsgespräch bei einer dafür anerkannten Stelle obligatorisch, im Leitfaden aufgelistet. Ein Schwangerschaftsabbruch nach der 12. Schwangerschaftswoche kann vorgenommen werden, wenn eine ärztliche Fachperson feststellt, dass die gesetzlichen Voraussetzungen gegeben sind.
Wer führt den Schwangerschaftsabbruch durch?	Du kannst dich über deine Gynäkologin / deinen Gynäkologen oder deine Ärztin / deinen Arzt informieren, welche Spitäler und Praxen die Bewilligung für die Durchführung eines straflosen Schwangerschaftsabbruchs besitzen.
Und dann – Wie weiter…?	Damit die Methode des Eingriffs festgelegt und der Eingriff vorgenommen werden kann, muss die Schwangerschaft und deren Dauer durch Ultraschall festgestellt worden sein. Nach einem persönlichen Gespräch, das die Ärztin, der Arzt mit dir führt, wird der Schwangerschaftsabbruch in einer der anerkannten Kliniken oder Privatpraxen durchgeführt.
Methoden des Schwangerschaftsabbruchs Chirurgisch	Diese Methode wird auch Absaugmethode genannt. Ein Saugröhrchen wird durch die Scheide in die Gebärmutter eingeführt und das Schwangerschaftsgewebe damit abgesaugt. Was sind die wichtigsten Merkmale im Erleben dieser Methode? Ein chirurgischer Schwangerschaftsabbruch ist ein operativer Eingriff. Er wird evtl. mit einer Narkose durchgeführt. Der Eingriff beansprucht nur kurze Zeit und ist zeitlich klar festgelegt, in der Regel nicht vor der siebten Schwangerschaftswoche. Dies kann bedeuten, dass eine Frau, ein Mädchen, mehr Zeit für die Entscheidungsfindung hat. Wird der Abbruch unter Narkose durchgeführt, erlebt die Frau, das Mädchen den Eingriff nicht bewusst. Die Blutung nach der Operation ist meist gering, die Schmerzen halten selten lang an.
Medikamentöse Methode – Mifegyne	Diese Methode darf nur bis in die siebte Schwangerschaftswoche – gerechnet ab dem ersten Tag der letzten Periode – durchgeführt werden. Insgesamt musst du drei bis vier Mal in die Praxis gehen. Der Abbruch wird ambulant in einer Klinik oder Arztpraxis mit zwei Medikamenten durchgeführt. Das Medikament Mifegyne blockiert die Wirkung des Hormons Progesteron und stoppt die Entwicklung der Schwangerschaft. Zwei Tage später wird das zweite Medikament, Prostaglandin, eingenommen. Dieses bewirkt, dass sich nach der Einnahme die Gebärmutter zusammenzieht und die Frucht ausgestossen wird.

9.3.5. Ungeplant schwanger – Schwangerschaft abbrechen oder nicht?

Fedor Spirig, Lilo Gander

Was sind die wichtigsten Merkmale im Erleben dieser Methode?	Bei über 95 Prozent sind kein operativer Eingriff und keine Narkose nötig. Der Vorgang zieht sich über 3 Tage. Der Abbruch kann zu einem sehr frühen Zeitpunkt durchgeführt werden, was psychisch entlastend wirken kann. Der Abbruch wird bewusst erlebt. Der Vorgang wird von Frauen als natürlich empfunden und mit Übernahme von Selbstverantwortung verbunden. Die Blutung nach dem Eingriff kann länger sein als beim chirurgischen Eingriff. Es treten Bauchschmerzen auf, die nach der Ausstossung mehr oder weniger lang andauern können.
Kosten	Sie sind eine Pflichtleistung der Grundversicherung. Die Krankenkasse muss die Kosten übernehmen. Exklusive der individuell vereinbarten Franchise und des Selbstbehalts.
Und wenn die Eltern unter keinen Umständen etwas erfahren dürfen?	Natürlich ist es schön, wenn Jugendliche in einer solchen Situation von ihren Eltern unterstützt werden. Aber es kann sein, dass sich eine junge Frau für einen Schwangerschaftsabbruch entscheidet, die Eltern aber unter keinen Umständen davon wissen sollen. Die Entscheidung, ob die Eltern davon erfahren oder nicht, liegt bei der behandelnden Ärztin, dem behandelnden Arzt. Vom Gesetz her sind sie an die ärztliche Schweigepflicht gebunden, sofern die betroffene junge Frau als urteilsfähig eingeschätzt wird. Die Ärztin, der Arzt, darf und muss den Eltern/Sorgeberechtigten also keine Auskunft geben und kann einen Abbruch ohne die Einwilligung der Eltern/Sorgeberechtigten durchführen. Die Kosten des Schwangerschaftsabbruchs übernimmt die Krankenkasse. Junge Frauen, die diesen Weg gehen wollen, finden Unterstützung bei ihrer Ärztin, ihrem Arzt oder in anerkannten Beratungsstellen.
Und danach, was ist dann?	Wie sich Frauen und Mädchen nach einem Schwangerschaftsabbruch fühlen, ist sehr unterschiedlich. Befragungen haben gezeigt, dass Frauen und Mädchen, die die Entscheidung für einen Schwangerschaftsabbruch selbst getroffen haben, sich nachher meist gut fühlen. Als hilfreich wird auch beurteilt, mit anderen Menschen über die Gefühle sprechen zu können sowie Unterstützung und Begleitung zu bekommen. Mädchen können sich nach einem Schwangerschaftsabbruch erwachsener fühlen. Manche denken danach mehr über ihr Leben, ihre Beziehungen und ihre Sexualität nach. Einige berichten davon, dass sie nach dem Schwangerschaftsabbruch eine Zeit lang sehr traurig waren und sich erst nach und nach Erleichterung einstellte. Andere fühlen sich nach dem Eingriff allein, weil sie glauben, mit niemandem darüber sprechen zu können. Vielleicht machen sie sich Vorwürfe und haben Schuldgefühle. Wenn es dir nach einem Schwangerschaftsabbruch nicht gut geht und du nicht weisst, mit wem du über deine Gefühle sprechen kannst, dann kannst du dich auch bei einer anerkannten Beratungsstelle melden. Die Beraterinnen haben Erfahrung mit Gesprächen nach einem Abbruch. Meistens reichen einige Gespräche aus, um das Gefühlschaos zu sortieren.

9.3.5. Ungeplant schwanger – Schwangerschaft abbrechen oder nicht?
Fedor Spirig, Lilo Gander

Und die Jungen?

Wenn deine Freundin dir erzählt, dass sie schwanger ist, weisst du vielleicht erstmal gar nicht, was du tun sollst. Jungen und auch Männer reagieren unterschiedlich. Sie erleben ein Wechselbad an Gefühlen und Empfindungen. Sprachlosigkeit – Fluchtgedanken – Flucht – Schock – Stolz – Freude – Verantwortlichkeit. Deine Freundin hat bis in die 12. Schwangerschaftswoche Zeit, sich für oder gegen die Schwangerschaft zu entscheiden. Du kannst sie bei der Entscheidung unterstützen, indem ihr eure Situation z.B. mit Freunden oder erwachsenen Vertrauenspersonen besprecht. Ihr könnt auch zu zweit oder allein eine anerkannte Beratungsstelle aufsuchen. Ihr werdet dort in jedem Fall in eurer Entscheidungsfindung unterstützt. Gespräche können helfen. Manchmal brauchen Mädchen auch ein wenig Ruhe, um sich die Situation genau zu überlegen. Andere möchten dauernd und immer wieder über die Situation sprechen. Die meisten Mädchen wünschen sich, die ehrliche Meinung des Freundes zu hören. Es kann sein, dass ihr euch einig seid. Es kann aber auch sein, dass deine Freundin anderer Meinung ist. Die solltest du akzeptieren und ihr keine Vorwürfe machen. Denn letztlich entscheidet sie, ob sie die Schwangerschaft austragen will oder nicht. So ist es auch vom Gesetz her bestimmt.

Was kannst du tun, wenn deine Freundin sich für einen Schwangerschaftsabbruch entschieden hat?

Du kannst sie fragen, ob sie möchte, dass du sie zur Beratung, zur Ärztin oder zum Arzt begleitest. Natürlich nur, wenn das für dich auch ok ist. Sprich mit deiner Freundin und sag ihr ehrlich, wie es dir geht. Wenn du nicht mitgehen willst oder kannst, dann kann auch eine Freundin, gute Kollegin oder die Mutter deiner Freundin sie begleiten. Die Bedürfnisse von Mädchen und Jungen sind in einer solchen Situation recht unterschiedlich. Es gibt kein Richtig oder Falsch. Versucht über eure Gefühle, Bedürfnisse und Wünsche zu sprechen und sie zu respektieren. Vor und nach einem Schwangerschaftsabbruch kann es sein, dass deine Freundin traurig ist, im nächsten Moment aber ganz erleichtert und glücklich, dass alles vorbei ist. Wenn du merkst, dass du noch Unterstützung, Gespräche möchtest, dann hast du jederzeit die Möglichkeit, dich an eine Jugendberatungsstelle zu wenden und dort mit Fachleuten deine Gefühle und was geschehen ist, anzuschauen und zu sortieren.

Die Schwangerschaft austragen

Du hast dich entschieden und jetzt? Zuerst einmal kommt viel Neues auf dich zu. Vor allem viele Fragen. Was ist mit der Schule, der Ausbildung? Wie werde ich als Mutter sein? Wie wird sich mein Freund verhalten, wie meine Eltern? Was werde ich meinen Freundinnen sagen? Was ist mit Party, ausgehen, Kino? Um diese Fragen, Unsicherheiten, Freuden und Ängste sortieren zu können, brauchst du vielleicht Unterstützung. Die können dir Menschen aus deinem Umfeld oder Fachleute geben. Unter www.plan-s.ch findest du die Adressen der Familienplanungsstellen in deinem Kanton. Hier werden Männern und Frauen mit viel Erfahrung deine Fragen beantwortet.

9.3.5. Ungeplant schwanger – Schwangerschaft abbrechen oder nicht?
Fedor Spirig, Lilo Gander

Dein Körper wird sich verändern	Eine Schwangerschaft verändert im Körper einer Frau sehr viel. Einige Veränderungen sind sichtbar, andere nicht. Auch Gefühle können sich verändern. Oft haben schwangere Frauen Heisshunger auf Speisen, die sie vor der Schwangerschaft gar nicht so angemacht haben. Diese ungewohnten Gelüste werden von den Schwangerschaftshormonen hervorgerufen und sind meist nach dem dritten Schwangerschaftsmonat vorbei. Manchen Frauen ist es eine Zeit lang übel, sie müssen sich sogar übergeben. Vor dem Aufstehen – also noch im Bett – etwas Kleines zu essen, kann da hilfreich sein. Bei sehr starker Übelkeit helfen Hebamme, Frauenärztin oder -arzt weiter. Den meisten schwangeren Frauen geht es allerdings körperlich gut. Der Embryo wird versorgt und ernährt durch den Mutterkuchen (Plazenta) und über das Blut der Mutter. Gesundheitsschädigende Stoffe wie Drogen, Nikotin, Alkohol und Medikamente (die ärztlich nicht verordnet sind), können durch das Blut der Mutter direkt zum Embryo gelangen und seine Entwicklung verzögern oder sogar schädigen. Also in der Schwangerschaft möglichst von Anfang an darauf verzichten. Der Bauch wird runder, die Schwangerschaft ist zu sehen, in den ersten 12 Wochen aber noch nicht deutlich. Ab dem 4. und 5. Monat wölbt sich dann der Bauch unterhalb des Bauchnabels. Bis zur 24. Schwangerschaftswoche ist die Gebärmutter ungefähr bis zur Höhe des Bauchnabels gewachsen. Manche Frauen spüren das Wachsen der Gebärmutter als leichtes Ziehen im Unterbauch. Um die 17. bis 18. Schwangerschaftswoche können Bewegungen bemerkt werden. Das Kind wächst im Bauch der Mutter, schlägt vielleicht Purzelbäume, hat den Daumen im Mund, und ab dem 4. Monat kann es
Vater werden	Wenn die Entscheidung für die Schwangerschaft feststeht, stellen sich für einen Jungen, der Vater wird, verschiedene Fragen. Was passiert da eigentlich im Bauch der Freundin? Wie wird die Geburt vor sich gehen? Kann ich dabei sein? Wie verändert sich mein Leben mit einem Kind? Welche Rechte und Aufgaben habe ich? Unsicherheiten, Ängste und Zweifel, aber auch Stolz und Freude, eine Achterbahn der Gefühle, auf der sich ein werdender Vater befinden kann. Jungen reagieren unterschiedlich, sie ziehen sich vielleicht zurück, fühlen sich allein gelassen, oder auch rundum wohl. Alles ist verständlich, denn die Situation ist neu! Die Erfahrungen, die ein Paar in einer Schwangerschaft macht, können ganz toll sein. Nach der Geburt wird sich sehr viel verändern, und eine Vorbereitung auf diese neue Situation ist hilfreich. Unterstützung können Freunde, Eltern, Verwandte oder auch Beratungsstellen geben. Siehe www.sexuelle-gesundheit.ch.

9.3.6. Mutter sein, Vater sein
Fedor Spirig, Lilo Gander

Titel
Mutter sein, Vater sein

Lernziele
Jungen und Mädchen erkennen mögliche Konsequenzen in der Rolle und Aufgabe als Vater und Mutter.
Sie kennen ihre Rechte als minderjährige Mutter, minderjähriger Vater und setzen sich mit den Bedürfnissen und Rechten eines Kindes auseinander.

Schlüsselwörter
Veränderung, Rechte von Kindern, Lebenswelten, Ausbildung/Schule

Dauer
60 Minuten

Gruppenzusammensetzung
als Gruppenarbeit
im Plenum

Material
Themenfilm «Sexualität und Gesundheit – Frühe Schwangerschaft», Merkblatt für minderjährige Schwangere (siehe folgende Seite)

Vorbereitung
Die Gruppe wird in Kleingruppen von 4-5 Personen geteilt. Jeweils Mädchen- und Jungengruppen. In jeder Gruppe wird eine Person bestimmt, die «Protokoll» führt und eine, die die Diskussionsergebnisse im Plenum vorstellt. Wichtig ist, den Jugendlichen mitzuteilen, dass es unterschiedliche Positionen gibt. Im Film stehen Alba, Thibault und Kataryna beispielhaft für die Situation, junge Mutter, junger Vater zu sein.

Anlage/Setting
Die Mädchen- und die Jungengruppen überlegen sich, wie sich ihr Leben als Vater oder Mutter ändern würde. Weiter recherchieren sie und beantworten Fragen zur rechtlichen Situation einer minderjährigen Mutter, eines minderjährigen Vaters.

Was würde sich verändern und wie, wenn ich Mutter oder Vater wäre?
- Schule/Ausbildung
- Freundeskreis
- Freizeit
- Wohnen
- Finanzen
- Hobbies
- Partnerschaft
- Sexualität
- Eigene Familie

Beantwortet mit Hilfe des Merkblatts für minderjährige Schwangere folgende Fragen und schreibt die Antworten auf ein grosses Blatt:
- Wie ist das Sorgerecht für das Kind gesetzlich geregelt?
- Wie sind die Finanzen, der Unterhalt im Kanton Zürich geregelt? Was bedeutet dies genau? Wie sieht es in anderen Kantonen aus?
- Was empfiehlt das Merkblatt bezüglich wohnen? Welche Möglichkeiten gibt es? Wie sieht es mit den Kosten aus?

Nach ca. 30 Minuten kommen die Jugendlichen zurück ins Plenum. Sie stellen ihre Erkenntnisse und Resultate vor.
- Die Ergebnisse vergleichen: Gibt es Unterschiede zwischen den Frauen- und den Männergruppen? Wenn ja, bei welchen Themen?
- Gab es in den Gruppen Punkte, über die viel diskutiert wurde? Punkte, bei denen ihr euch schnell einig wart?

Weiterführende Fragen zum Austausch im Filmkontext
- Welche Faktoren sind es, die Alba und Thibault in ihrer Entscheidung unterstützt haben?
- Wie sieht ein Tag, eine Woche von Alba und Thibault aus? Skizziert und fantasiert eine kurze Geschichte.

Variante
Die Jugendlichen erstellen einen Fragenkatalog zum Thema «Minderjährige Mutter, minderjähriger Vater». Mit diesen Fragen gehen sie an eine anerkannte Mütter- oder Väterberatungsstelle in ihrem Kanton und führen ein Interview durch.
Die verschiedenen Ergebnisse der Interviews werden der Klasse vorgestellt.

9.3.6. Mutter sein, Vater sein
Fedor Spirig, Lilo Gander

Materialien/Unterlagen
Merkblatt für minderjährige Schwangere
In Anlehnung an das Merkblatt für minderjährige Schwangere, Mütterhilfe Zürich, Quelle: Mütterhilfe, Zürich

	Als jugendliche Schwangere sind Sie in einer besonderen Situation, die viele Fragen aufwirft. In diesem Merkblatt finden Sie einige wichtige Informationen. Wir empfehlen, dass Sie sich bei einer spezialisierten Beratungsstelle zusätzlich persönlich beraten lassen. Entsprechende Beratungsstellen in Ihrer Nähe finden Sie unter: www.sexuelle-gesundheit.ch.
Entscheidungsfindung	Im rechtlichen Sinn (ZBG 16) gelten Sie ab ca. 13 Jahren als urteilsfähig und damit in der Lage, vernunftgemäss zu handeln, auch wenn Sie noch nicht 18 Jahre alt und damit volljährig sind. Sie können also selber entscheiden, ob Sie die Schwangerschaft abbrechen wollen oder nicht. Zur Unterstützung dieser Entscheidungsfindung stehen Ihnen verschiedene Beratungsstellen zur Verfügung. Adressen in Ihrer Umgebung finden Sie unter www.sexuelle-gesundheit.ch. Wenn Sie noch nicht 16 Jahre alt sind, ist ein Beratungsgespräch vor einem Abbruch der Schwangerschaft obligatorisch.
Sorgerecht	Erst am 18. Geburtstag wird man mündig (ZBG14). Um im rechtlichen Sinn handlungsfähig (ZBG12) zu sein, müssen Sie urteilsfähig und mündig sein. Bei unter 18-Jährigen spricht man von beschränkter Handlungsfähigkeit (ZBG 19). Das bedeutet in Ihrer Situation, dass Ihr Kind eine Vormundschaft erhält, die bis zu Ihrer Volljährigkeit das Sorgerecht für Ihr Kind wahrnimmt. Diese Person muss dafür sorgen, dass Ihr Kind angemessen (seinen Bedürfnissen entsprechend) betreut und erzogen wird. Sie kann entscheiden, ob das Kind in Ihrer Obhut bleibt oder an einen anderen Ort (Pflegefamilie, Kinderheim) kommt. Sie sollten gemeinsam nach der passenden Lösung suchen.
Finanzen	Ihre Eltern sind weiterhin verpflichtet für Ihren Unterhalt aufzukommen. Wenn sie in guten wirtschaftlichen Verhältnissen leben, müssen sie auch für den Unterhalt Ihres Babys aufkommen, soweit die Kosten nicht durch die Unterhaltsbeiträge des Vaters des Babys gedeckt sind. Der Vater des Kindes wird aufgefordert, die Vaterschaft anzuerkennen. Ist er selber noch minderjährig, müssen seine Eltern ihr Einverständnis zur Anerkennung geben. Sollte er sich weigern, wird der Vormund die Rechte Ihres Kindes unterstützen. In einem Unterhaltsvertrag wird die Höhe der Alimente geregelt, die auf die finanzielle Situation des Vaters und seiner Eltern bezogen ist. Im Kanton Zürich gibt es zum Beispiel Beiträge für Mütter, die ihr Kind in den ersten zwei Jahren zu mindestens 50% selber betreuen.

9.3.6. Mutter sein, Vater sein
Fedor Spirig, Lilo Gander

Ausbildung	Da Sie noch minderjährig sind, haben Sie vermutlich noch keinen Schulabschluss oder Sie stehen noch mitten in Ihrer Ausbildung. Damit Sie Ihre Zukunft auch finanziell gut absichern können, ist es sehr wichtig, dass Sie eine gute schulische und berufliche Grundlage haben. Eine fehlende oder mangelnde Ausbildung bedeutet ein grösseres Armutsrisiko für Sie und Ihr Kind. Brechen Sie nicht alle Zelte ab, versuchen Sie, Ihren Ausbildungsplatz (Schule, Lehrstelle) zur erhalten. Besprechen Sie Ihre Situation mit Ihren Eltern, den Lehrpersonen und/oder dem Lehrmeister/der Lehrmeisterin. Oft ist es möglich, dass Sie Ihre Ausbildung bis kurz vor der Geburt fortsetzen und nach dem Mutterschaftsurlaub (mind. 8 Wochen) wieder aufnehmen können.
Wohnen-Kinderbetreuung	Als minderjährige Schwangere wohnen Sie wahrscheinlich noch bei Ihren Eltern. Die neue Situation ist für sie nicht einfach und verlangt von der ganzen Familie viel Toleranz und Verständnis. Besprechen Sie mit Ihren Eltern, wie Sie die neue Situation mit einem Baby für alle gut organisieren können. Sind Ihre Eltern berufstätig, können sie mit Unterstützung des Vormunds andere Betreuungsmöglichkeiten (Krippenplatz, Tagesmutter) finden, damit Sie Ihre Ausbildung fortsetzen können. Es kann sein, dass sich die Beziehung zu Ihren Eltern durch die Schwangerschaft verschlechtert und ein weiteres Zusammenleben durch grosse Spannungen unmöglich wird. Vielleicht ist auch die Wohnung für ein weiteres Familienmitglied zu klein. Zu überlegen ist, ob ein Umzug in eine Mutter-Kind-Wohngemeinschaft sinnvoll wäre. Möglicherweise können Sie dort besser lernen, mit den neuen Herausforderungen im Alltag mit einem Kind umzugehen. Allerdings sind die Kosten für einen solchen Aufenthalt recht hoch. Leben Ihre Eltern in guten finanziellen Verhältnissen, sind sie verpflichtet, einen Teil dieser Ausgaben zu finanzieren.

9.3.7. Sex und Drogen
Fedor Spirig, Lilo Gander

Titel
Sex, Drugs and Rock'n roll

Lernziele
Jungen und Mädchen ist bewusst, dass Alkohol daran hindert, Grenzen zu setzen, die man sonst einhalten würde, und sie kennen die möglichen Folgen von Alkohol und anderen Drogen in Bezug auf Schutz gegen Infektionen (HIV/STI) und Verhütung von Schwangerschaft.

Schlüsselwörter
Schüchternheit, Mut machen, Empfinden, Erektion, erstes Mal, Schutz, Gleichgültigkeit

Dauer
45 Minuten

Gruppenzusammensetzung

Material
Themenfilm «Sexualität und Gesundheit – Sex und Alkohol», Flipchart, Stifte, Auftragsblatt

Vorbereitung
Die Gruppe schaut sich im Themenfilm «Sexualität und Gesundheit» die Sequenz «Sex und Alkohol» an. Die Jugendlichen teilen sich in Untergruppen auf, 3 bis 5 Personen, Jungen und Mädchen gemischt. Jede Gruppe bekommt einen Flipchart, Stifte und ein Auftragsblatt.

Anlage/Setting
In den Kleingruppen diskutieren die Jugendliche folgende Punkte und halten ihre Erkenntnisse auf dem Flipchart fest:
- Welche Gründe geben die Protagonisten im Film an, weshalb sie Alkohol konsumieren?
- Wann scheint es hilfreich?
- Wann scheint es schwierig?
- Welche Pannen können geschehen?
- Was habt ihr schon von KollegInnen gehört, wie Alkohol oder andere Drogen sich bei ihnen auswirken?
- Was denkt ihr von der Aussage: «Vor meinem ersten Mal trinke ich mir einen an oder rauche einen Joint, um mir Mut zu machen»?

Haltet eure Erkenntnisse auf dem Flipchart fest und entwickelt daraus einen «Werbespot» mit Empfehlungen zum Thema Sex und Drogen. Spielt diesen Werbespot anschliessend der ganzen Gruppe vor.

Weiterführende Fragen zum Austausch
- Was sind KO-Tropfen?
- Worauf soll im Ausgang, in einer Diskothek geachtet werden?
- Was sagt der Jugendschutz zu Alkohol und Drogen?

Recherche zum persönlichen Konsum unter www.checken.ch

9.3.8. Sexuelle Gewalt – Sexuelle Belästigung
Fedor Spirig, Lilo Gander

Titel
Es reicht!

Lernziele
Jugendliche kennen den Unterschied zwischen sexueller Belästigung und sexueller Gewalt. Sie wissen, was sie tun müssen, um sexuelle Gewalt zu verhindern.

Schlüsselwörter
Grenzen, Handeln, Hilfe holen

Dauer
60 Minuten

Gruppenzusammensetzung

Sammeln

Diskussion, Spielen und Austausch

Material
Stift, Papier, Flipchart oder Wandtafel, Karten mit Definitionen

Vorbereitung
An der Wandtafel oder auf Flipchart-Blättern stehen die Definitionen für sexuelle Belästigung/sexuelle Gewalt.
Die Gruppe wird in Kleingruppen (geschlechtergetrennt) von 4 bis 5 Schülerinnen und Schülern aufgeteilt.

Anlage/Setting
Die Jugendlichen erstellen in den Kleingruppen eine Liste mit Situationen möglicher sexueller Belästigung/sexueller Gewalt und stellen sie der ganzen Gruppe vor.
In der Gruppe werden die Situationen anhand der Definition für sexuelle Belästigung/sexuelle Gewalt (siehe Materialien/Unterlagen) aufgeteilt. Gemeinsam werden Situationen ausgesucht und mögliche Handlungsstrategien im Plenum diskutiert und angespielt.

Materialien/Unterlagen
Karten mit Definitionen von Formen sexueller Gewalt

Sexuelle Übergriffe/ sexuelle Belästigung
Unerwünschte sexuelle Annäherungsversuche;
sexualisierte Gesten, Äusserungen und Handlungen, die von den Betroffenen als beleidigend, unangebracht und unerwünscht empfunden werden;
unerwünschtes Zeigen von sexuellen Bildern (z.B. Handy).

Sexuelle Belästigung am Arbeitsplatz
Sexuelle Belästigung an der Arbeitsstelle, im Lehrbetrieb.

Sexuelle Nötigung
Der Täter / die Täterin wendet körperliche Gewalt und/oder psychischen Druck an (Drohungen), um sexuelle Handlungen ausführen zu können.

Vergewaltigung
Genitale Penetration (= Eindringen in den Körper) gegen den Willen des Opfers.

Vergewaltigungsversuch
Sexuelle Gewalt mit der Absicht zu vergewaltigen, wobei es aber nicht zur Penetration kommt.

Schändung
Das Opfer wird vor der Tat durch den Täter / die Täterin Urteils- und widerstandsunfähig gemacht (z.B. mit Drogen).

Sexuelle Ausbeutung in Abhängigkeitsverhältnissen
Sexuelle Handlungen mit Personen über 16 Jahren, indem ihre Abhängigkeit ausgenützt wird. Abhängigkeitsverhältnisse bestehen z.B. zwischen
- Patient/in und Arzt/Ärztin;
- Schüler/in und Lehrperson;
- geistig behinderte Person und Betreuungsperson.

Sexuelle Ausbeutung von Kindern
Sexuelle Handlungen mit Kindern unter 16 Jahren.

Inzest
Sexuelle Ausbeutung innerhalb der Familie.

9.3.8. Sexuelle Gewalt – Sexuelle Belästigung
Fedor Spirig, Lilo Gander

Date Rape
Vergewaltigung bei einer Verabredung, wobei der Täter die Verabredung bewusst organisiert hat mit dem Ziel, die andere Person zu vergewaltigen.

Gang Bang
Vergewaltigung durch eine Gruppe.

Quelle in Anlehung an: mit mir nicht - mit dir nicht, Verlag Pestalozzianum

Weiterführende Informationen
Wichtig ist es, dass nicht eine Form der Grenzverletzung gegen die andere aufgewogen wird, sowohl Belästigung als auch Gewalt sind nicht tolerierbar.

Aus dem Methodenbuch «Mit mir nicht. Mit dir nicht.» können folgende Punkte vertieft werden:
- Strategie gegen sexuelle Belästigung
- Prävention von sexueller Gewalt
- 7 Präventionspunkte gegen sexuelle Gewalt

Methodenbuch: Mit mir nicht. Mit dir nicht. Jugendliche und sexuelle Gewalt: Informieren, hinterfragen, schützen. Verlag pestalozzianum, interact, Hochschule Luzern, Soziale Arbeit, 2008

9.3.9. Lust und Frust
Fedor Spirig, Lilo Gander

Titel
Sexualität und Gesundheit, Lust und Frust

Einstiegsübung zur Auseinandersetzung mit dem Thema «psychisches Wohlbefinden und sexuelle Gesundheit»

Lernziele
Mädchen und Jungen sind in der Lage, Sexualität in verschiedene Bereiche zu unterteilen. Sie erfahren, dass sexuelle Themen mit lustvollen, jedoch auch mit schmerzhaften Erfahrungen zusammenhängen und kennen Handlungsansätze für einen positiven Zugang zur Sexualität.
Sie können Grenzen und Wünsche benennen, um unsichere oder ungewollte sexuelle Erfahrungen zu vermeiden.

Schlüsselwörter
Sexualität und Gesundheit

Dauer
20 Minuten

Gruppenzusammensetzung

Material
Wandtafel oder Flipchart

Vorbereitung
Eine leere Wandtafel oder ein Flipchart-Bogen.

Anlage/Setting
Die Teilnehmenden bekommen die Aufgabe, verschiedene «Themen» zum Begriff Sexualität zu sammeln. Je nach Gruppe kann bei der Aufgabenstellung ergänzt werden, dass der Begriff Sexualität weitergefasst werden soll, nicht nur auf Geschlechtsverkehr bezogen (Entwicklung, Beziehung, Identität etc.).
Die Teilnehmenden setzen sich zu zweit zusammen und notieren alles, was ihnen während ca. 5 Minuten in den Sinn kommt. Die Begriffe werden im Plenum genannt und von der Leitung auf die Tafel geschrieben.
Die Leitung zeichnet anschliessend zwei Kolonnen auf die Tafel mit den Titeln «Lust» und «Frust». Dann sucht sie einzelne Begriffe aus, und die Teilnehmenden sollen sie entweder der Kolonne «Lust» oder «Frust» zuordnen. Einige Begriffe werden vermutlich klar der einen oder anderen Kolonne zugeordnet. Bei anderen fällt auf, dass sie nicht eindeutig zugeordnet werden können. Wenn diese Verunsicherung aufkommt, soll überlegt und besprochen werden, was dazu gehört, dass etwas als «Lust» bzw. «Frust» erlebt wird. Die bereits eindeutig zugeordneten Begriffe sollen noch einmal aufgrund dieser zusätzlichen Überlegung geprüft werden.

Für die meisten Begriffe wird sich eine «Lust»-Seite oder «Frust»-Seite finden lassen, also Situationen, die je nach Voraussetzung als positiv, schön und lustvoll oder eben als negativ, bedrückend, abstossend und psychisch belastend erlebt werden.

Variante
Je nach Zeitrahmen und Gruppe können die Themen zum Begriff Sexualität auch von der leitenden Person vorgegeben werden, und die Teilnehmenden starten mit der Einteilung in «Lust» und «Frust».

Weiterführende Fragen zum Austausch
Auch Frustsituationen, peinliche Erlebnisse, Enttäuschungen oder Konflikte gehören zur Sexualität. Viele solcher Erlebnisse können gut allein oder mit Hilfe von Kollegen, Partnerinnen oder der Familie verarbeitet werden und wirken sich nicht nachhaltig negativ auf das psychische Wohlbefinden oder die sexuelle Gesundheit aus.
Gewisse Situationen können für einzelne Personen aber so belastende sein, dass sie sich massiv auf das psychische Wohlbefinden auswirken. In dem Fall ist es wichtig, sich adäquate Unterstützung zu suchen.

Anhand eines Beispiels («Sexuelle Orientierung») oder mehrerer Beispiele und entsprechender Leitfragen können mögliche Situationen besprochen werden:
- Was könnte in der entsprechenden Situation belastend sein?
- Was könnte entlastend wirken?
- Wo/bei wem könnte man sich Unterstützung suchen?
- Wo bekommt man gute Informationen?
- Was könnte einen hindern, Hilfe zu suchen?
- Was könnte passieren, wenn man in der Situation allein gelassen wird?

10. Internetseiten

10. Internetseiten

Neben den bei den Lektionsvorschlägen aufgeführten Internetseiten bieten Ihnen folgende Links weiterführende Informationen zu den einzelnen Themen.

Informationen für Jugendliche
www.lustundfrust.ch
www.sundx.ch
www.tschau.ch
www.feelok.ch
www.mixyourlife.ch
www.lilli.ch
www.loveline.de
www.dubistdu.ch
www.rainbowgirls.ch

Informationen zum Thema sexuelle und reproduktive Gesundheit
www.sexuelle-gesundheit.ch
www.amorix.ch
www.bzga.de

Themenseiten Schwangerschaft
www.sexuelle-gesundheit.ch
www.verhuetungsinfo.ch

STI (sexuell übertragbare Infektionen) – HIV / Aids
www.aids.ch
www.check-your-lovelife.ch
www.unaids.com

Sexuelle Orientierung, sexuelle Identität
www.pinkcross.ch
www.los.ch
www.gll.ch
www.abq.ch
www.transgender-network.ch
www.transX.ch

Sexualität und Behinderung
http://fabs-online.ch
http://insieme.ch/leben-im-alltag/sexualitat

Sexuelle Gewalt
www.castagna-zh.ch
www.mira.ch
www.lilli.ch
www.lantana.ch
www.kinderschutz.ch

11. Literaturhinweise

11. Literaturhinweise

Eine breite Auswahl von Literatur- und Materialienangaben finden Sie auf der Homepage von Amorix, dem schweizerischen Kompetenzzentrum im Bereich Bildung und sexuelle Gesundheit:
- www.amorix.ch, Publikationen
- www.bildungundgesundheit.ch, Thema Sexualität

Sexualpädagogik allgemein

Becker, Georg E. (2011), Sexualität in der Schule, Sexuelle Freiheit und Sexueller Missbrauch – ein schulpädagogisches Problem? Brigg Pädagogik

Schmidt, Renate-Berenike; Sielert, Uwe (2012), Sexualpädagogik in Beruflichen Handlungsfeldern, Ausbildung und Studium. Bildungsverlag Eins Köln

Schmidt, Renate-Berenike; Sielert, Uwe (2013), Handbuch Sexualpädagogik und sexuelle Bildung. Beltz Juventa Weinheim und Basel

Sielert, Uwe (2005), Einführung in die Sexualpädagogik. Beltz Studium

Timmermanns, Stefan; Tuider, Elisabeth; Sielert, Uwe (2004), Sexualpädagogik weiter denken. Juventa Weinheim und München

Weidinger, Bettina; Kostenwein, Wolfgang; Dörfler, Daniela (2004), Sexualität im Beratungsgespräch mit Jugendlichen, Sexualberatung und Pädagogik. Springer

Themen der Sexualität

Elmer, Corina; Maurer, Katrin (2011). Achtsam im Umgang – konsequent im Handeln. Institutionelle Prävention sexueller Ausbeutung. Fachstelle Limita

Schock, Axel; Fessel, Karen-Susan (2004). OUT! 800 berühmte Lesben, Schwule und Bisexuelle. Querverlag

Stiftung Aids & Kind (2008), Positiv im Leben stehen, Geschichten von Jugendlichen mit HIV/Aids, HIV-positiv und trotzdem positiv im Leben stehen. Rex Verlag Luzern

Walther, Michael (2007), Aids ein Gesicht geben. Geschichten von Menschen mit HIV, HIV-Positive berichten. Rex Verlag Luzern

Watzlawik, Meike; Heine, Nora (2009). Sexuelle Orientierungen. Vandenhoeck & Ruprecht

Dijk, Lutz van (2007), Die Geschichte von Liebe und Sex. Campus

Methodik

Blattmann, Sonja; Mebes, Marion (2010), Nur die Liebe fehlt...? Jugend zwischen Blümchensex und Hardcore. mebes & noack

Bueno, Jael; Dahinden, Barbara; Güntert, Beatrice (2008). Mit mir nicht. Mit dir nicht. Jugendliche und sexuelle Gewalt: informieren, hinterfragen, schützen. Pestalozzianum Zürich

Meral, Renz (2007), Sexualpädagogik in interkulturellen Gruppen, Infos, Methoden und Arbeitsblätter. Verlag an der Ruhr

Staeck, Lothar (2012), Sexualerziehung Konkret. Unterrichtsmaterialien für die Klasse 4 bis 10. Schneider Verlag GmbH

Wer entscheidet, wen du heiratest? Unterrichtsmappe Zwangsheirat, TERRE DES FEMMES Schweiz

Timmermanns, Stefan; Tuider, Elisabeth (2012). Sexualpädagogik der Vielfalt. Belz Juventa Weinheim und Basel

Let's talk about Porno, Arbeitsmaterialien für Schule und Jugendarbeit. klicksafe.de

Voss, Anne (2008), BODY TALK – Jugend und Gesundheit. 9 Porträt-Filme. 3 Themenfilme, Lektionsvorschläge. AnneVossFilm Zürich
Bezug: ATV-Videovertrieb, Dornbirn, www.atv-assman.at.
Filme und Begleitmaterial auch unter srf.ch/myschool abrufbar.

Sexuell übertragbare Krankheiten inkl. HIV/AIDS. BZgA (2009). Filme für Schule und Jugendarbeit. Jugend-Spielfilm, Animationsfilme, Gebrauchsanleitung für Kondome. BZgA. klicksafe.de (2011).

Jugendbuch

Ausfelder, Trude (2004), Alles, was Mädchen wissen wollen, Infos & mehr für die aufregendsten Jahre. Ellermann

11. Literaturhinweise

Ausfelder, Trude (2004), Alles, was Jungen wissen wollen, Infos & mehr für die aufregendsten Jahre. Ellermann

Henning, Ann-Marlene; Bremer-Olszewski, Tina (2012), Make Love. Ein Aufklärungsbuch, Rogner & Bernhard

Schneider, Sylvia; Rieger, Birgit (2009), Das Aufklärungsbuch, Ravensburger Buchverlag

Thor-Wiedemann, Sabine; Rieger, Birgit (2003), Deine Tage sind gute Tage. Mestruations-Ratgeber. Ravensburger Buchverlag

Elternratgeber
Darvill, Wendy; Kelsey, Powell (2001), Wie kläre ich mein Kind auf?, Tipps und Gesprächshilfen für den gesunden Umgang mit Sexualität. Beust
Decurtins, Lu (2006), Vom Puppenhaus in die Welt hinaus, Was Eltern über Mädchen wissen müssen. Pro Juventute

Decurtins, Lu (2012), Zwischen Teddybär und Superman, Was Eltern über Jungen wissen müssen. Reinhardt

12. Quellenverzeichnis

12. Quellenverzeichnis

Kapitel 3

Schmidt, Renate-Berenike; Sielert, Uwe (Hrsg.) (2012). Sexualpädagogik in beruflichen Handlungsfeldern. Bildungsverlag EINS Köln

Weidinger, Bettina; Kostenwein, Wolfgang; Dörfler, Daniela (2007). Sexualität im Beratungsgespräch mit Jugendlichen. Springer Verlag Wien.

Jim Studie (2007). Jugend, Information, (Multi-)Media. Basisuntersuchung zum Medienumgang 12- bis 19-Jähriger. Medienpädagogischer Forschungsverbund Südwest. Online abrufbar auf: http://www.mpfs.de/fileadmin/JIM-pdf07/JIM-Studie2007.pdf.

Bravo Dr. Sommer Studie (2009). Liebe! Körper! Sexualität! Bauer Media Group. Online abrufbar auf: http://www.baueradvertising.de/uploads/media/BRAVO_DrSommerStudie2009_Sperrfrist_2009-05-12_gr.pdf.

Eidgenössische Kommission für Kinder- und Jugendfragen EKKJ (2009) (Hrsg.). Jugendsexualität im Wandel der Zeit. Veränderungen, Einflüsse, Perspektive. Online abrufbar auf: http://www.ekkj.adMinutench/c_data/d_09_Jugendsexualitaet.pdf

Kapitel 8

Mann, Christine / Schröter, Erhart / Wangerin, Wolfgang (1995), Selbsterfahrung durch Kunst. Methodik für die kreative Gruppenarbeit mit Literatur, Malerei und Musik. Weinheim und Basel

Scheller, Ingo (1998), Szenisches Spiel. Handbuch für die pädagogische Praxis. Berlin

Tilemann, Friederike (2007), «So ist das doch gar nicht gemeint...». Szenische Interpretation von Fotos, Filmen und weiteren Medienangeboten. In: Lauffer, Jürgen/Röllecke, Renate: Methoden und Konzepte medienpädagogischer Projekte. Handbuch-Reihe zum Dieter Baacke Preis. Band 2. Bielefeld

Kapitel 9.1

Sielert, Uwe; Herrath, Frank (1993), Sexualpädagogische Materialien für die Jugendarbeit in Freizeit und Schule, Beltz Verlag, Weinheim und Basel

GLADT e.V., Berlin, Handreichung für emanzipatorische Jungenarbeit, http://hej.gladt.de/archiv/2009-12-15-Methode%20Ein%20Schritt%20nach%20vorn.pdf

S&X – Fachstelle für Sexualpädagogik, Luzern
Timmermanns, Stefan; Tuider, Elisabeth (2008), Sexualpädagogik der Vielfalt. Juventa Verlag Weinheim und München

Fachstelle für Gleichstellung der Stadt Zürich (2008), Flirt, Anmache oder Übergriff, Begleitdokumentation zur DVD für den Unterricht, Stadt Zürich, Fachstelle für Gleichstellung

Kapitel 9.2

S&X – Fachstelle für Sexualpädagogik, Luzern

Brechner, Elke; Garotti, Silke; Höning, Sascha (1997), Schülerduden, Sexualität, Dudenverlag

Timmermanns, Stefan; Tuider, Elisabeth (2008), Sexualpädagogik der Vielfalt. Juventa Verlag Weinheim und München

klicksafe.de (2011) Let's talk about Porno. Arbeitsmaterialien für Schule und Jugendarbeit, Klicksafe.de

Döring, Nicola (2012) Erotischer Fotoaustausch unter Teilnehmenden: Verbreitung, Funktionen und Folgen des Sexting. Georg Thieme Verlag KG: Stuttgart/New York. Online abrufbar auf: https://www.thieme-connect.de/ejournals/pdf/10.1055/s-0031-1283941.pdf.

Kapitel 9.3

S&X – Fachstelle für Sexualpädagogik, Luzern
Lust und Frust (2010) Broschüre «hoppelpoppel» aber mit Recht, deine Sexualität, deine Rechte, Information für Jugendliche, www.lustundfrust.ch

Internetseite www.lustundfrust.ch, Fachstelle für Sexualpädagogik, Zürich

Merkblatt für minderjährige Schwangere, Mütterhilfe Zürich, abrufbar unter: mütterhilfe.ch/site/assets/files/1097/merkblatt_minderjaehrige_schwangere_050609_1.pdf

13. Impressum

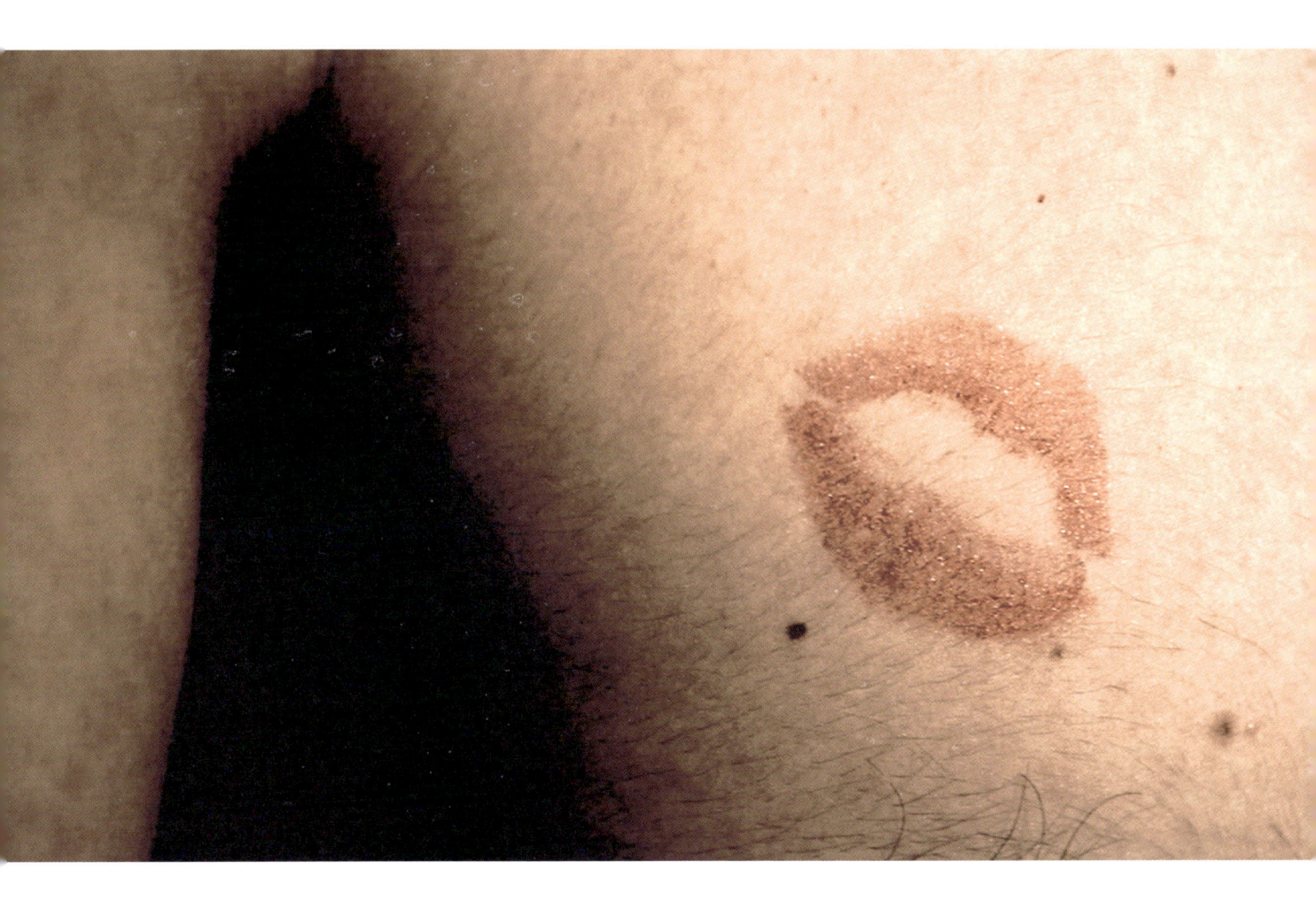

13. Impressum

Filmproduktion

Eine Koproduktion von
AnneVossFilm
Anne Voss
Produzentin/Projektleitung
und
SRF myScool
Barbara Krieger
Leitung und Redaktion

Herstellung
AnneVossFilm
In Zusammenarbeit mit:
hiddenframe
Joel Glatz
Gregor Frei
Stefan Eichenberger
ATV P & G Assmann
Petra & Günter Assmann

Filme
Konzept
David Hermann

Recherche & Interviews
Joel Glatz
Anne Voss

Buch & Regie
Anne Voss

Regieassistenz
Alexander Voss

Kamera/Ton
Gregor Frei

Schnitt/Postproduktion
Gregor Frei
Joel Glatz
Petra Assmann
Alexander Voss

Musik
David Hermann

Animationen
Loretta Arnold

Fachberatung
Lukas Geiser
Caroline Jacot-Descombes

Fachbeirat
Lukas Geiser
Fachmann für sexuelle und reproduktive Gesundheit SGS, Mitarbeiter von «Lust und Frust», Fachstelle für Sexualpädagogik, Zürich, Dozent an der Pädagogischen Hochschule Zürich

Caroline Jacot-Descombes
Projektleiterin und ehemalige Präsidentin von ARTANES (2006 bis 2012), Verband der Pädagoginnen und Pädagogen für sexuelle und reproduktive Gesundheit
Romandie und Tessin

Gabriela Jegge
Dozentin und Expertin Sexualpädagogik/Gesundheitsförderung, Pädagogische Hochschule Luzern

Dr. phil. Marianne Kauer
Psychologin, Dozentin Pädagogische Hochschule Bern Fachbeirat und Kursleiterin ABQ Schulprojekt

Prof. Friederike Tilemann
Erziehungswissenschaftlerin, Leiterin des Fachbereichs Medienbildung, Pädagogischen Hochschule Zürich

Pädagogisches Begleitmaterial
Herausgeber
Lukas Geiser
Anne Voss

Autorinnen und Autoren
Lilo Gander, Fachperson sexuelle Gesundheit in Bildung und Beratung SEXUELLE GESUNDHEIT Schweiz, dipl. Pflegefachfrau HF, Zertifikat in systemischer Therapie und Beratung, Ausbildungsinstitut Meilen. Sie arbeitet seit 2000 bei der Fachstelle für Sexualpädagogik «Lust und Frust» in Zürich, hat diese mit aufgebaut. Schwerpunkte ihrer Arbeit sind das Konzipieren und die Umsetzung von sexualpädagogischen Veranstaltungen mit Kindern und Jugendlichen im schulischen und ausserschulischen Kontext, Beratung von Jugendlichen und jungen Erwachsenen in Themen der sexuellen und reproduktiven Gesundheit. Weiter unterrichtet sie als Lehrbeauftragte an Pädagogischen Hochschulen und Fachhochschulen für Soziale Arbeit.

13. Impressum

Lukas Geiser ist Fachmann für sexuelle und reproduktive Gesundheit SEXUELLE GESUNDHEIT Schweiz, MAS in Prävention und Gesundheitsförderung, MAS in adult and professional Education und Spielpädagoge ASK. Er ist Dozent an der Pädagogischen Hochschule Zürich und arbeitet als Sexualpädagoge bei «Lust und Frust», Fachstelle für Sexualpädagogik. Neben der Durchführung von sexualpädagogischen Veranstaltungen mit Kindern und Jugendlichen unterrichtet er als Lehrbeauftragter an Fachhochschulen für Soziale Arbeit und ist in der Konzeption und Durchführung von sexualpädagogischen Weiterbildungen tätig. Er ist Autor verschiedener Publikationen.

Marie-Lou Nussbaum, lic. phil. Pädagogin, ist Fachfrau für sexuelle und reproduktive Gesundheit. Seit 2010 arbeitet sie bei der Aids Hilfe und der Fachstelle S&X in Luzern. Zu ihren Arbeitsschwerpunkten gehören die Durchführung sexualpädagogischer Unterrichtseinheiten, sexualpädagogische Beratungen von Jugendlichen und Lehrpersonen sowie Beratungen zusammen mit dem HIV-Test. Weiter ist sie als Dozentin in der Aus- und Weiterbildung von Lehr- und anderen Fachpersonen tätig. 2009 verfasste sie eine repräsentative Studie zum Pornografiekonsum von Jugendlichen.

Fedor Spirig ist Sexualpädagoge PLANeS und Sozialpädagoge. Er arbeitet seit 2007 bei der Fachstelle S&X in Luzern und hat diese mit aufgebaut. Er koordiniert die unterschiedlichen Aufgabengebiete der Fachstelle und führt selber Beratungen und sexualpädagogische Lektionen auf verschiedenen Schulstufen durch. Zudem ist er in der Aus- und Weiterbildung von Lehr- und anderen Fachpersonen tätig. Er hat verschiedene Unterrichtsmaterialien der Fachstelle S&X mitentwickelt.

Prof. Friederike Tilemann ist Erziehungswissenschaftlerin und Leiterin des Fachbereichs Medienbildung an der Pädagogischen Hochschule Zürich, Mitglied im Vorstand des «JFF – Jugend Film Fernsehen e.V.» als Träger des «JFF – Institut für Medienpädagogik», Beiratsmitglied bei der Fachzeitschrift «merz | medien+erziehung», Lehrmittelautorin «Medienkompass», bis 2011 Mitglied im Bundesvorstand der «Gesellschaft für Medienpädagogik und Kommunikationskultur» (GMK), Mitgründerin des «Blickwechsel – Verein für Medien- und Kulturpädagogik», Mitgründerin und Partnerin bei «SoVal – Netzwerk für Beratung, Lernen und Entwicklung».

Anne Voss, Redaktorin, Regisseurin, Produzentin. Für ARD, ZDF und SRF hat sie neue Sendeformate entwickelt und zahlreiche Dokumentationen und Fernsehfilme realisiert. Langjährige Erfahrungen im Kinder- und Jugendprogramm: SESAME STREET, SENDUNG MIT DER MAUS, LÖWENZAHN.
Produzentin der Medienprojekte: BlickWechsel NordSüd, Rassismus, BODY TALK – Jugend und Gesundheit. In Vorbereitung STARTKLAR – Jugend und Arbeit.
Auszeichnungen: Adolf Grimme Preis, Zürcher Radio- und Fernsehpreis, Prix BALE.

Illustrationen
Loretta Arnold

Gestaltung Begleitmaterial
Michael Fankhauser

Lektorat
Gaby Köppe

Dank an: Alba, Alexandra, Chiara, Désirée, Kataryna, Occéanne, Zahraa, Farsad, Ivan, Sam, Sébastien, die über Freundschaft, Liebe und Sexualität gesprochen haben.

© ANNEVOSSFILM 2013